会展策划与管理专业系列教材

专家指导委员会主任/韩玉灵　总主编/康年

会展文案写作

张岩岩　瞿立新　赵建◎主编
张立英　段玉敏　李小蓉◎副主编

数字资源总码

◆ 推进校企"双元"合作开发
◆ 瞄准行业数字化发展趋势
◆ 匹配专业教学标准核心课程
◆ 贯穿国际通行活动管理理念
◆ 引领职业教材形式创新需求

旅游教育出版社
·北京·

图书在版编目（CIP）数据

会展文案写作 / 张岩岩, 瞿立新, 赵建主编.
北京：旅游教育出版社, 2025. 1. -- （会展策划与管理专业系列教材）. -- ISBN 978-7-5637-4796-2

Ⅰ．H152.3

中国国家版本馆 CIP 数据核字第 2025X1T797 号

会展策划与管理专业系列教材

会展文案写作

张岩岩　瞿立新　赵建　主编

张立英　段玉敏　李小蓉　副主编

总 策 划	丁海秀
执行策划	赖春梅
责任编辑	赖春梅
出版单位	旅游教育出版社
地　　址	北京市朝阳区定福庄南里 1 号
邮　　编	100024
发行电话	（010）65778403　65728372　65767462（传真）
本社网址	www.tepcb.com
E - mail	tepfx@163.com
排版单位	北京鸿文瀚海有限公司
印刷单位	天津雅泽印刷有限公司
经销单位	新华书店
开　　本	710 毫米 ×1000 毫米　1/16
印　　张	10.75
字　　数	135 千字
版　　次	2025 年 1 月第 1 版
印　　次	2025 年 1 月第 1 次印刷
定　　价	59.80 元

（图书如有装订差错请与发行部联系）

会展策划与管理专业系列教材
专家指导委员会、编委会

专家指导委员会

主　任：

韩玉灵（北京第二外国语学院教授，曾担任教育部全国旅游职业教育教学指导委员会秘书长）

副主任：

杜兰晓（浙江旅游职业学院校长、教授，中国职业技术教育学会智慧文旅职业教育专业委员会执行主任）

瞿立新（无锡城市职业学院校长、教授，全国旅游职业教育教学指导委员会会展专业委员会副主任委员）

丁海秀（中国职业技术教育学会智慧文旅职业教育专业委员会副秘书长，旅游教育出版社副社长）

编委会

总主编：

康　年（上海师范大学副校长、上海旅游高等专科学校校长，全国旅游职业教育教学指导委员会会展专业委员会主任委员）

执行总主编：

宋　波（上海师范大学教授，上海旅游高等专科学校旅游研究院常务副院长，全国旅游职业教育教学指导委员会会展专业分委会秘书长）

编委（排名以姓名拼音为序）：

安小霞	仓　俊	陈　超	陈　萍	陈　姝	陈彬彬	陈翊霖
程致远	褚玉静	丁　旭	段玉敏	葛　菲	宫　博	关庆飞
哈丽旦·巴克	韩　健	郝俊谦	洪伟鑫	黄可筠	贾巧云	
蒋天骏	雷　敏	李　健	李　杨	李荣艳	李小蓉	李悦玫
林海榕	刘　硕	刘　文	刘　臻	刘馥馨	刘淼晶	罗绮琦
彭慧翔	钱红阳	任子荣	宋慧娟	孙景然	唐新安	田明舸
田志武	万　涛	王　菱	王琳艳	王姗姗	邬　燕	吴　烽
吴杰楠	吴舒姗	武　君	向　军	谢予馨	徐敏钰	徐若然
徐永君	闫　敏	杨　洁	杨　欣	杨　正	姚　歆	叶大海
余音梅	袁　丽	张　磊	张　素	张　媛	张慧娟	张立英
张素霞	张岩岩	张颖真	张芝敏	赵　建	赵慧娟	赵中华
郑　伟	郑晓星	钟梦婷	周春旺			

《会展文案写作》
编委会

主　编：

张岩岩　无锡城市职业技术学院
瞿立新　无锡城市职业技术学院
赵　建　无锡城市职业技术学院

副主编：

张立英　无锡城市职业技术学院
段玉敏　南京旅游职业学院
李小蓉　福州职业技术学院

编　委：

杨　正　上海八彦图信息科技有限公司（31会议）
徐敏钰　无锡太湖国际会展集团有限公司
武　君　北京优联信驰信息科技有限公司
刘　臻　湖北轻工职业技术学院
陈　霞　无锡城市职业技术学院
万红珍　广东轻工职业技术大学
钱小轮　浙江经贸职业技术学院
阳梦麟　长沙商贸旅游职业技术学院

总序 PREFACE

会展业以多维度、深层次的经济与社会功能，不仅为现代服务业的发展注入了强劲动力，更在推动城市经济繁荣、促进全球经济一体化等方面扮演着举足轻重的角色。近年来，全球会展业步入了持续且高速发展的轨道，其市场规模以前所未有的速度扩张，到2028年，全球会展活动市场规模将达到15 529亿美元（ResearchAndMarkets.com）。国内会展业更是迎来了蓬勃发展的春天，市场规模连年攀升，已跃升为全球会展版图中不可忽视的重要力量。从被誉为"中国第一展"的中国进出口商品交易会（广交会），到世界上首个以进口为主题的中国国际进口博览会（进博会）等国家级展会，均具有高度的国际影响力和重要性，它们不仅促进了国内外经济交流与合作，更展示了国家的发展成就和未来趋势。2023年，国内会展经济的直接产值约为5820.6亿元，全国线下展览总数为7852个，展览总面积为14 345万平方米，展览城市由2011年的83个增至197个（《中国展览数据统计报告》）。

伴随着经济社会和数字技术的发展，会展行业发展不断升级，对相关人才培养提出了新的要求。自2018年起，上海旅游高等专科学校作为牵头单位，顺利完成了教育部和全国旅游职业教育教学指导委员会委托的《会展行业人才需求与职业院校专业设置指导报告》《高职会展策划与管理专业教学标准修订》等工作，准确分析把握会展行业人才需求与会展专业人才培养的匹配性。为适应会展行业优化升级需要，本系列教材对接会展产业数字化、网络化、智能化发展新趋势，对接新产业、新业态、新模式下的会议、展览、节庆、会奖旅游等职业群的新要求，满足会展行业高质量发展对高素质技术技能人才的需求，推动职业教育专业升级和数字化改造，提高人才培养质量，遵循推进现代职业教育高质量发展的总体要求。

2023年底，经过前期与旅游教育出版社的沟通酝酿，上海旅游高等专科学校牵头，组织了"会展策划与管理专业系列教材"核心课程设置暨系列教材编写研讨会，联合浙江旅游职业学院、无锡城市职业技术学院、成都职业技术学院等院校共同组成本系列教材牵头编撰团队，确定了《会展概论》《会展策划》《会展项目管理》《会展营销》《会展沟通与商务礼仪》《会展展示设计与搭建》《会展文案写作》《会展财务管理》《会展运营与执行管理》《会展数字化应用》整套10本教材。本套教材面向会展行业着力培养具有会展策划能力、营销能力、运营能力和服务能力等素养的高素质服务型人才，注重培育学生的创新精神和实践能力，使学生既能够熟悉会展的相关政策和理论知识，又能从事会展企业经营管理和服务运作等方面的工作。

本套教材主要特点体现在：一是匹配专业核心课程体系。系列教材与高职会展策划与管理专业核心课程高度匹配，可直接服务专业核心课程建设与教学。二是贯穿活动管理理念和过程。系列教材贯穿活动管理理念，教材内容和主题，与会展活动管理（Event Management）知识框架保持一致。三是瞄准行业数字化发展趋势。系列教材对接新兴职业岗位需求，满足数字化服务技能的需要，结合数字化新技术应用，助力会展新业态发展。四是迎合职业教材形式创新需求。推行项目—任务结构式教材，并配套开发数字化资源，保证后续教材内容及时动态更新，积极与行业共建产教融合教材。

本套教材既可作为中高职职业教育会展类专业教学用书，也可作为职业本科会展类专业教育的参考用书，同时可作为工具书供从事会展策划与管理的企事业单位专业人员借鉴与参考。

作为全国首套会展策划与管理专业系列教材，难免存在缺陷与不足，恳请读者朋友指正，我们将在再版过程中予以完善与修正。

总主编：上海旅游高等专科学校

前言 FOREWORD

会展业是构建现代市场体系和开放型经济体系的重要平台，它以会议、展览等活动为载体，展示或推广产品、服务和技术，在带动经济增长、强化区域合作、促进国际贸易、增加社会就业、传播创新理念、增进文化交流、推动城市发展等方面发挥着重要作用，成为推动多元开放合作的桥梁纽带。

在会展活动运营过程中，从初期的活动创意到后期的效果评估，每一个阶段都离不开会展文案，它既是传达信息、吸引目标群体的宣传媒介，也是加强互动沟通、规范协作的重要工具。高质量的会展文案能够为参展商、观众及其他利益相关者提供有效的服务指引，凝聚会展活动的核心价值，提高会展运营管理效能。

本教材立足新时代会展业发展需求，以会展活动流程为主线，围绕会展立项策划、会展组织筹备、会展现场实施和会展评估总结四个阶段所涉及的文案类型进行编写，使学生能够契合工作实践，掌握相应的应用文体。

本书章节内容按照任务场景、结构要点、范文示例、拓展阅读、实训任务和评价标准的顺序进行组织。以问题为导向，通过具体的会展工作场景导入教学内容，帮助学生直观地了解实际文案需求，掌握真实的文案应用情境。以理论为基础，明确各类文案的结构要点，内容安排适度，使学生充分掌握必要的理论知识。以实践为依托，选取企业实际写作案例作为范文，使学生了解优秀文案的写作特点，增强学生的理论思考与实践总结能力。每节附有拓展阅读材料，进一步丰富知识体系，增强学生探究学习的深度与广度。以技能为抓手，遵循"实践—理论—再实践"的认知规律，结合工作实际进行实训任务设计，开展真题真做。同时，提供详细的量化评价标准，帮助学生检视学习效果。此外，还配套章节PPT和微课视频等多媒体资源，便于教师教学和学生自学。

教材的设计充分考虑了高等职业教育的特点，强调理论联系实际，注重技能培养，致力于全面提高学生的写作能力和职业素养。本教材具有以下特点：

1. 聚焦会展现代职业岗位需求：教材内容重点突出，紧密围绕新时代会展职业岗位的典型工作任务，运用项目化思维梳理主要应用文体，夯实学生的写作基础。通过拓展阅读、任务实训等环节，引导学生触类旁通，创新拓展应用能力，灵活应对各类文案的写作任务。

2. 突出内容生动性和实用性：教材以基础知识的够用为度，侧重实践应用。通过丰富的范文示例和多情景实训任务，帮助学生更好地理解和掌握会展文案的写作技巧。同时，实践评价标准量化明确，确保学生的学习效果可衡量、可检验，进一步提升教学的实效性。

3. 遵循知识的连贯性和系统性：教材按照会展活动流程的顺序进行编排，涵盖了从会展立项到总结评估的各个阶段，体例清晰，科学有序，环环相扣，能够帮助学生逐步完善学习逻辑，建立相对完整的会展文案知识系统，全面掌握会展各阶段文案写作内容。

本书的编写参考了相关论著、教材和资料，会展企业从业人员参编并给予了指导与帮助。在此，向所有为本教材贡献智慧和力量的各界人士表示衷心的感谢。会展业作为现代服务业中的战略先导产业，其理论知识和实践内容丰富多样，而编者水平有限，教材中难免存在疏漏和不足，恳请广大读者批评指正。

编　者

目录 CONTENTS

第一章　会展文案概述　/ 1

第一节　会展文案的含义和种类…………………2
第二节　会展文案的特点与作用……………………8
第三节　会展文案写作基本要求……………………12

第二章　会展立项策划阶段文案　/ 17

第一节　会展调研问卷………………………………18
第二节　会展市场调研报告…………………………25
第三节　会展立项策划书……………………………34
第四节　会展项目立项可行性分析报告……………43

第三章　会展组织筹备阶段文案　/ 53

第一节　招展函与观众邀请函………………………54
第二节　会展招投标文案……………………………61
第三节　会展新媒体文案……………………………68
第四节　会展接待方案………………………………78

第五节　参展指南⋯⋯⋯⋯⋯⋯⋯⋯⋯⋯⋯⋯⋯⋯⋯⋯⋯⋯⋯⋯⋯⋯85

第四章
会展现场实施阶段文案　/ 91

第一节　会展意向书⋯⋯⋯⋯⋯⋯⋯⋯⋯⋯⋯⋯⋯⋯⋯⋯⋯⋯⋯92
第二节　会展合同⋯⋯⋯⋯⋯⋯⋯⋯⋯⋯⋯⋯⋯⋯⋯⋯⋯⋯⋯⋯100
第三节　会展致辞⋯⋯⋯⋯⋯⋯⋯⋯⋯⋯⋯⋯⋯⋯⋯⋯⋯⋯⋯⋯111
第四节　会展新闻稿⋯⋯⋯⋯⋯⋯⋯⋯⋯⋯⋯⋯⋯⋯⋯⋯⋯⋯⋯115
第五节　会展简报⋯⋯⋯⋯⋯⋯⋯⋯⋯⋯⋯⋯⋯⋯⋯⋯⋯⋯⋯⋯123

第五章
会展评估总结阶段文案　/ 131

第一节　展后总结报告⋯⋯⋯⋯⋯⋯⋯⋯⋯⋯⋯⋯⋯⋯⋯⋯⋯⋯132
第二节　展后评估报告⋯⋯⋯⋯⋯⋯⋯⋯⋯⋯⋯⋯⋯⋯⋯⋯⋯⋯142
第三节　展后信函⋯⋯⋯⋯⋯⋯⋯⋯⋯⋯⋯⋯⋯⋯⋯⋯⋯⋯⋯⋯154

参考文献　/ 160

第一章

会展文案概述

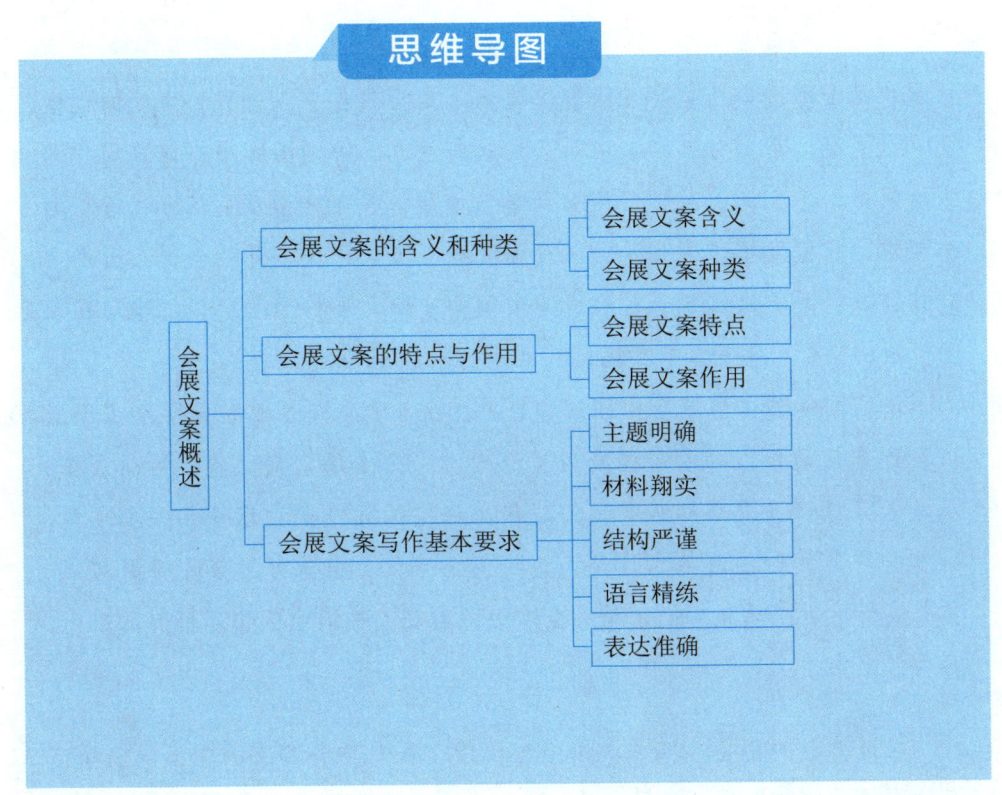

学习目标

- 了解会展文案的含义和种类
- 理解会展文案的特点和作用
- 掌握会展文案写作基本要求

第一节 会展文案的含义和种类

任务场景

中国国际进口博览会（简称进博会）是全球首个以进口为主题的大型国家级展会，由商务部和上海市人民政府主办、中国国际进口博览局和国家会展中心（上海）承办。2018年首次办展，多年来按照"越办越好"的总要求，积极发挥了国际采购、投资促进、人文交流、开放合作四大平台功能，取得了丰硕成果，已经成为中国构建新发展格局的窗口、推动高水平开放的平台、全球共享的国际公共产品。

中国国际进口博览会由国家综合展、企业商业展、虹桥国际经济论坛以及配套活动组成。参展国别覆盖五大洲。企业展众商云集，新品众多，展示了全球产业发展趋势和前沿成果。虹桥国际经济论坛每年一个主题，聚焦全球开放和经济热点议题，为经济全球化、全球开放合作凝聚共识。作为高标准、高质量、高水平的全球经贸盛会，进博会吸引了世界的目光，赢得了海内外广泛赞誉。

在进博会的筹备、实施和总结各阶段，需要准备相应的文案以确保信息的有效沟通和传播，请思考举办进博会需要哪些会展文案？

一、会展文案含义

"文案"一词，《现代汉语词典》有两种解释。一是旧时指官署中的公文、书信等，现多指企业的事务性文字，如广告文案。二是做这种工作的人员，如资深文案。会展文案显然应遵从第一种释义，即同会展活动有关的事务性文字。

在当今，不同职业领域都需要文案应用，因为职业背景和关注点各有侧重，不同职业对文案的理解也各异。对于广告与营销人员来说，文案是一种有力的营销工具，必须精确、有说服力，并且与品牌形象和目标市场紧密相连，需要吸引目标受众的注意力，传达品牌信息，并激发目标群体的购买欲望。对于编辑与出版人员来说，文案是出版物（如书籍、杂志、报纸等）中的重要内容，不仅是传达信息的载体，还需要具有文学性和艺术性，能够吸引读者的兴趣。对于社交媒体运营者来说，文案用于吸引和保持用户的关注，需要具有独特性、情感性和互动性，能够迅速抓住用户的注意力，并鼓励他们进行分享、评论或点赞。对于公关人员来说，文案在公关活动中用于传达企业或组织的形象和理念，树立正面、积极和专业的形象，能够增强企业或组织的公信力、知名度和美誉度。

会展文案，简单来说，就是在会展活动中所使用的各种文字材料。它是会展机构在商务活动中用于传播或记录信息的文本，承载着传播信息、记录事件、规范行为等多重功能，服务于会展机构的项目管理或市场营销工作。会展文案根据实际需要，可以用于机构内部的信息交流，如招商方案、评估报告等；也可以用于机构对外的信息交流，如参展手册、新闻稿等。

一份完整的会展文案，不仅要体现有价值的信息，而且要注重文字、图形等符号要素的视觉表现形式，如文字的字号、字体、行间距及图形的大小、位置等，从而形成美观的形体样式。此外还要考虑会展文案的传播介质，是纸质媒介还是数字媒介。

二、会展文案种类

会展文案的种类非常丰富，根据划分标准的不同，可以分成不同种类。

（一）根据会展文案功能划分

1．管理规范类文案

管理规范类文案为会展活动的组织和运行提供指导框架和行为准则，以确保运营管理的规范性、专业性和一致性。如会展项目运营管理中的公告、通告、通报，再如参展指南、会议议程、布撤展通知、展后总结报告等。

2．策划申办类文案

策划申办类文案在会展项目的筹备初期使用，为获得立项批准或为确立会展项目的构想、规划而撰写的文案。如会展立项策划书、会展接待方案、招展和招商方案、开幕式方案、申办报告、会展立项可行性分析报告等。

3．商务契约类文案

商务契约类文案是明确会展项目各参与方的权利、义务和责任的书面文件，记载了会展参与主体之间的意向和承诺，具备基本的法律意义上的保障。如招展公告、招展邀请函、参展须知、招标文件、投标书、会展承办合同、参展合同等。

4．主题成果类文案

主题成果类文案体现了会展活动的价值和成果，是记录会展活动的核心内容、决策结果或达成共识的文本。如会议中各种报告、会展简报、会议纪要、会展意向书、谅解备忘录等。

5．宣传推广类文案

宣传推广类文案是用于吸引参展商、观众、参会者等目标受众关注，激发其兴趣或参与，提升会展活动知名度的营销文本。如新闻稿、新媒体文案、官方网站信息、展会会刊等。

6．公关礼仪类文案

公关礼仪类文案是为了维护良好的公共形象，确保会展活动顺利开展，通过专业的语言和恰当的礼仪表达，向会展利益相关者传递必要信息的文本。如邀请函及回执、会展致辞、会展证件、意见调查表、感谢信等。

本书涉及的各类别文案见下表。

会展文案分类

序号	类别	举例
1	管理规范类文案	参展指南、展后总结报告
2	策划申办类文案	会展立项策划书、会展立项可行性分析报告、会展接待方案
3	商务契约类文案	会展招投标文案、会展合同
4	主题成果类文案	会展简报、会展意向书
5	宣传推广类文案	会展新闻稿、会展新媒体文案
6	公关礼仪类文案	观众邀请函、会展致辞

（二）根据会展文案应用阶段划分

1．会展立项策划阶段文案

会展立项策划阶段文案是指在举办会展项目之初，为了立项审批及后续筹备工作而准备的相关文字材料。如会展市场调研报告、项目可行性分析报告、立项策划书、营销与宣传计划等。其目的是通过系统分析与策划，为会展活动的成功举办奠定坚实基础，确保项目的可行性和效益性，同时为后续的组织执行提供明确的方向和依据。

2．会展组织筹备阶段文案

会展组织筹备阶段文案是指在会展项目立项获得批准后，为了确保活动顺利实施而编撰的相关文字材料。如会展招展和招商方案、会展招投标文案、参展商手册、观众邀请函、现场管理方案、会展接待方案、相关活动方案、宣传推广方案、新媒体宣传文案、赞助商合作方案等。此阶段文案着重于实际操作层面，详细规划会展从筹备到落幕的每一个环节，以实现高效有序的组织管理，保证会展活动的质量与效果。

3. 会展现场实施阶段文案

会展现场实施阶段文案是指活动现场使用的、用于意向交流和内外沟通的文字材料。如会展意向书、会展合同、会展致辞、会展简报、新闻稿及媒体宣传材料等。此阶段文案通过精心策划和撰写，确保会展组织者与参与者、合作伙伴之间的信息传递顺畅有效，旨在建立共识、增强互动、提升传播效果，为所有利益相关方创造价值。

4. 会展评估总结阶段文案

会展评估总结阶段文案既包括对整个会展活动进行系统性回顾与分析的文字材料，如展后总结报告、展后评估报告、参展商与观众满意度调查问卷等，也包括会展活动结束后致函感谢的文本，如展后信函。此阶段文案是提升会展项目质量、优化管理决策的重要依据，对于会展主办方、参展商、观众及利益相关方都具有重要的参考价值，同时也是会展组织者同相关各方建立和维系良好关系的重要手段。

每一类文案都有其特定的目的和目标受众，共同支持会展活动的成功举办，从立项策划、前期筹备、现场实施到后期总结，覆盖了会展项目运营与管理的全过程。

（三）根据会展文案行文关系划分

行文关系是指在公务文书交流过程中，发文机关与收文机关之间依据其组织结构、领导隶属关系、职权范围等因素形成的正式文件往来关系。这种关系决定了公务文书的传递方向、使用的文种以及处理程序。具体来说，行文关系主要包括以下几种类型。

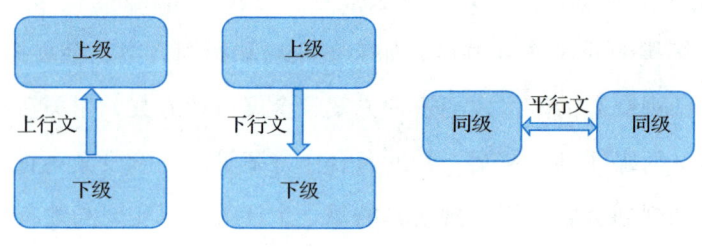

行文关系示意图

1．上行文

这类文案是向上级部门、主管机构或主办单位汇报工作、申请批准或请求支持的文件。如提交给上级主管部门的展会申办请示、报告等。

2．下行文

下行文是上级机构向下级机构、业务部门发布的命令、指示、通知等，用于传达政策、下达任务或作出决定。如政府部门关于同意举办博览会的批复。

3．平行文

平行文是指同级机构或者没有直接上下级关系的机构之间的公务交流文书，主要用于相互协商工作、通报情况或请求协助等。如参展确认函、展位调整通知等。

 **范文示例**

山东省人民政府办公厅

关于举办2023山东（青岛）RCEP国际食品饮料

数字博览会的批复

拓展阅读

公务文书

公务文书，简称公文，是指在国家机关、企事业单位、社会团体等组织的公务活动中，为处理和记录工作、沟通信息、传达政策、指导业务、规范行为等目的而制定和使用的具有一定格式和法律效力或规范性的书面文件。

广义的公文概念较为宽泛，它涵盖了所有在公务活动中形成和使用的应用文书，不仅包括了政府规定的法定文种，还涉及日常工作中的多种应用文体。具体来说，广义公文可以分为以下几类：一是通用公文（法定公文），这是由国家规定必须遵循特定格式和程序的公文种类，如命令、决定、公告、通告、通知、通报、议案、报告、请示、批复、意见、函和会议纪要等。二是专用公文，针对某些特殊用途或特定领域制定的公文，如外交文件、司法文书、技术公文等。三是事务文书，日常工作中使用的非正式文件，如计划、总结、调查报告、简报、规章制度、讲话稿等。

狭义的公文专指《党政机关公文处理工作条例》中明确列出的15种公文类型，包括决议、决定、命令、公报、公告、通告、意见、通知、通报、报告、请示、批复、议案、函和纪要。这些公文是党政机关实施领导、履行职能、处理公务的具有特定效力和规范体式的文书，是传达贯彻党和国家的方针政策，公布法规和规章，指导、布置和商洽工作，请示和答复问题，报告、通报和交流情况等的重要工具。

总之，广义公文与狭义公文的主要区别在于涵盖的文种范围和正式程度，广义公文范畴更广泛，包含了所有公务活动中的文书，而狭义公文则专注于那些具有法定效力和严格规范的行政公文。在会展活动中，涉及的公文主要指广义的公文。

第二节　会展文案的特点与作用

任务场景

中国进出口商品交易会（简称广交会），每年春秋两季在广州举办，由商务部和广东省人民政府联合主办，中国对外贸易中心承办，是中国目前历史最长的综合性国际贸易盛会，是中国对外开放的窗口、缩影、标志，是国际贸易合作的重要平台，被誉为中国外贸的"晴雨表"和"风向标"。

2024年5月，第135届广交会圆满闭幕。广交会从筹备到成功举办，电视媒体、网络媒体、官方媒体等实时关注，并报道或转发新闻。如4月15日新闻联播报道《第135届广交会开展 2.9万家企业参展》、4月21日中国新闻网发布了《广交会"中国制造"展现新气象 依靠创新收获全球订单》的新闻、5月5日央视新闻发布了《广交会今天圆满闭幕 24.6万名境外采购商线下参会》的报道，此外广交会微新闻公众号持续发布展会动态新闻或视频。

请查阅上述新闻报道以及其他135届广交会新闻宣传内容，从案例中理解会展文案的特点。

一、会展文案特点

会展文案具备独特的属性和要求，旨在高效、准确地传达信息，促进会展活动的顺利进行和成功推广。特点如下。

1. 内容综合性

会展文案需要围绕特定的会展主题，融合多方面的信息与创意，如市场分析、策略规划、执行细节、宣传推介等，通过精准的文字表述，确保所有内容服务于整体的会展目标。会展文案通过叙述、说明、宣传等多种文体的有机结合，加之视觉元素，如图片、图表等设计布局的辅助，构建了一个多维度的信息传播框架。文案创作者需具备跨领域的知识整合能力和精湛的文字表达技巧，以确保文案既有广度又有深度，达到信息传递的有效性与吸引力的最优化平衡。

2. 目标指向性

会展文案具有目标指向性。特定的目标受众，无论是参展商、观众、参会者，还是行业专家，都能从相应的文案中获取与会展主题紧密相关的、有针对性的信息。这也意味着，会展文案不仅需要准确反映会展活动的主题、亮点与价值，还要针对目标受众的兴趣点和需求设定语言风格及展示内容。这种指向性确保了信息的精准传达，帮助主办方与目标受众建立有效的沟通桥梁，进而实现会展招展、宣传或评估等既定目标。

3. 规范严谨性

会展文案的规范严谨性主要表现在：一是格式规范，从标题到正文再到结尾落款，要遵循一定的行文范式或排版格式。二是用语准确，文字表达要精确无误、避免歧义，而且信息具有真实性与可靠性。三是语言风格得体，采用标准、规范的语言，避免使用口语表达、俚语或非专业术语。根据对象的不同，适当调整语言风格，如给参展商的函件应更正式，而面向公众的宣传文案则可更通俗易懂。四是逻辑清晰，文案结构需逻辑严密，层次分明，让目标对象能够快速抓住重点，了解关键信息。规范严谨性是会展文案专业性的一种体现。

4．发布时效性

会展活动往往有严格的时间规程，随着会展进程动态变化，会展文案的创作与发布需要精准对应各时间节点，确保信息及时传达给目标受众，最大限度地服务于会展不同阶段的具体目标与需求。会展文案的发布时效性意味着文案的有效性和关注度严格受限于会展活动的筹备、进行及结束周期。在活动前，会展文案是宣传和推广的重要手段，需适时推出以吸引参与者和媒体关注；活动中，需要及时更新和发布，以反映会展活动的最新动态和进展；活动结束后，大部分前期及中期文案随即失去了即时作用，成为活动总结和后续反馈的历史记录。此时，需要及时发布总结性的会展文案，对会展的成效和经验进行总结和反思。

5．媒介多样性

会展文案的媒介多样性特征体现在其利用多种传播渠道和形式来达到广泛覆盖和深度触达目标受众。从传统的纸质宣传册、展板和直邮广告，到现代的数字媒体，如官方网站、社交媒体平台、电子邮件通信、在线直播和移动应用通知等，会展文案要根据不同媒介的特点进行定制化设计，充分考虑视觉呈现、信息密度、互动性等因素。在此基础上，确保核心信息在多渠道中保持一致性和连贯性，以实现全方位、多维度的传播，最大化提升会展活动的影响力和参与度。

6．语言国际化

会展文案写作中的语言国际化特点是指在写作过程中，采用能够跨越文化和国界的表达方式与策略，以确保信息能被国际上不同背景的目标受众准确理解并产生共鸣。为满足不同国家和地区参与者的需要，必要时需要制作多语言版本的文案资料。不仅限于文字，还应注重图像、设计风格等视觉元素的国际化，确保整体呈现符合国际审美和理解习惯。总之，成功的会展文案需要在保持信息核心价值的同时，巧妙地融合地域特色与国际视角，促进不同文化背景下的参与者进行交流与沟通。

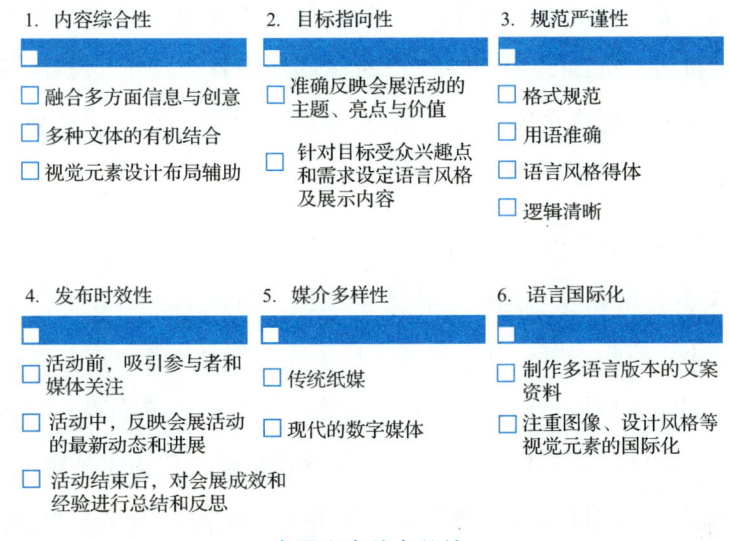

会展文案特点总结

二、会展文案作用

1. 信息记载与传播

会展文案是信息交流的桥梁，它将会展宗旨、目标、内容、流程等重要信息以书面的形式记载下来，通过发布或送达邀请函、参展商手册、观众指南、会议议程等，确保相关参与方能够全面、准确地了解会展的主题、时间安排、活动亮点等关键信息。这些信息对于参与各方获取必要资讯、促进合作交流至关重要。

2. 会展管理与实施

会展文案是实现高效组织与前瞻规划的工具。在整个会展活动的管理过程中，从策划、筹备到实施、总结，会展文案起到了规范流程、明确权责和促进合作的基石作用。各类会展文案，如招展总进度安排、展区展位划分、应急预案、招投标书和会展合同等，为会展组织与执行提供了标准化指导，为商业合作提供了法律保障，确保了各项组织工作稳定、有序开展。

3. 会展营销与推广

会展文案构成了会展营销推广的核心载体，承载并传递着活动的价值宗旨、特色亮点及品牌形象，是驱动市场认知、激发参与性的重要手段。会展文案如宣传材料、广告语、新闻稿件、社交媒体内容等，可以提升活动知名度，增强市场吸引力，促进会展的商业成功，同时高质量的会展文案易于获得媒体的关注与报道，利于扩大会展活动影响力。

4．内部沟通与协调

会展文案是维系项目团队运作流畅性和高效性的工具，它在促进团队协同作业、避免矛盾与误解、确保会展项目按计划顺利实施方面，发挥着不可或缺的作用。例如项目计划书、项目执行方案、任务分工说明等，能够准确地表述活动目标、策略、流程和各方责任分工，为团队成员提供了清晰的工作指南，确保所有参与者对项目有统一的理解和预期，从而达成思想统一和行动协调。

5．记录存档与参考

作为活动的书面记录，翔实的文案资料记载了会展活动从策划到实施的全过程，涵盖从最初的策划思路、市场调研、目标设定，到活动流程设计、参展商及观众管理、宣传推广策略、现场布置细节、预算分配乃至活动效果评估等各个环节的关键信息，不仅为组织者提供了可追溯和可评估的依据，还为后续的复盘分析、项目创新提供了宝贵的经验借鉴和数据参考。会展文案可帮助识别有效策略与潜在改进空间，有助于优化后续活动的策划与执行。

综上所述，会展文案不仅是信息的载体，更是连接组织内外、贯穿会展项目全生命周期的管理策略的书面体现，对活动的成功举办具有不可替代的作用。

第三节　会展文案写作基本要求

任务场景

中国国际大数据产业博览会（简称数博会），创办于2015年，是由国家发展和改革委员会、工业和信息化部、国家互联网信息办公室与贵州省人民政府主办的国家级博览会。数博会秉承"全球视野、国家战略、产业视角、企业立场"办会理念，为全球大数据发展提供中国方案，已发展成为行业精英荟萃的国际知名盛会、引领前沿趋势的专业展示舞台、汇聚全球资源的商贸合作平台。以下为数博会发布的征集通知。

关于征集中国国际大数据产业博览会
领先科技成果的通知

各有关单位：

为展现全球大数据领域最新成果，呈现大数据影响力和创新力，彰显大数据领域从业者的智慧和贡献，搭建世界级创新交流展示平台，××××年中国国际大数据产业博览会将举办大数据领先科技成果发布系列活动（以下简称"活动"）。现将征集事项有关事宜通知如下：

一、征集内容

（一）领先科技成果征集

成果征集对象：全球范围内的企业、高校、科研机构、行业组织等主体

成果征集内容：人工智能大模型、大数据、区块链、云计算、5G、互联网、物联网、数据安全等领域重大科学发现、重大理论成果；最前沿、最具颠覆性的科技成果。

（二）企业成果自主发布征集

征集对象：大数据领域行业头部企业

成果征集内容：在大数据、人工智能、区块链、云计算、5G、互联网、物联网、数据安全等领域利用前沿科技实现的具有重大影响力和经济效益的综合类成果。

二、发布时间地点

发布时间：××××年×月底（暂定）

发布地点：某省某市某区

三、征集方式

（一）征集申报渠道

在某易平台"科技云"专区数博发布模块填写、提交申报资料。

网址：……

（二）申报要求

1. 领先科技成果：同一申报主体可以申报多项成果，每项成果只可选择申报一个成果类型。除基本信息外，申报者应提供如下材料（包含但不限于）：(1) 成果介绍；(2) 自主知识产权等相关佐证材料；(3) 第三方鉴定报告、科技查新报告、媒体报道等真实性、先进性相关佐证材料；(4) 该成果取得或预期取得经济效益和社会效益的相关佐证材料。

2. 企业自主发布：除基本信息外，申报者应提供如下材料（包含但不限于）：(1) 成果介绍；(2) 自主知识产权等相关佐证材料；(3) 发布活动方案，包括发布形式、出席的嘉宾等内容。

（三）申报截止时间

1. 领先科技成果：北京时间××××年×月×日24时前。

2. 企业成果自主发布：北京时间××××年×月××日24时前。

（四）进度安排

第一阶段：领先成果申报（××××年×月××日—××××年×月×日）。

第二阶段：领先成果评审（××××年×月×日前完成）。由来自全球的互联网领域权威专家对申报成果进行评审，评出年度入选成果名单。

企业自主发布成果确定（××××年×月×日前完成）。由发布组根据申报、收集、推荐的企业自主发布成果，报执委会审定确定拟发布的成果。

第三阶段：筹备发布（××××年×月×日—×月×日）。通知入选成果的拥有者提供发布所需相关材料，并配合现场发布的相关工作。

第四阶段：成果发布（展会期间）。进行年度领先科技成果发布、企业自主成果发布。年度领先科技成果拥有机构领导将受邀参会，并有机会进行现场演讲。

四、联系方式

联系人：×××

联系电话：×××

联系人：×××

联系电话：×××

××××博览会筹委会
××××年×月××日

资料来源：2024中国国际大数据产业博览会征集通知[EB/OL]．https://www.bigdata-expo.cn/article/achievement_collect．有改动。

请根据上述案例，思考会展文案写作的基本要求。

为充分发挥会展文案在市场营销、公共关系、内部管理等方面的作用，实现信息传达的质量与效率，会展文案的主题、材料、结构、语言、表达需要严格遵循基本的写作要求。

微课

会展方案写作基本要求

一、主题明确

会展文案的策划与撰写过程中，必须确立一个清晰、集中的主题，主题应当与会展项目核心价值、目标群体关注焦点密切相关。在会展文案写作时，必须从始至终围绕一个鲜明的主题展开，文字的选择、结构的安排、信息的筛选与表达上，都要紧密关联主题，确保所有信息、观点和介绍都服务于展现主题的深度与广度，以实现信息的高效集中与有效传达。这一原则要求作者在构思与撰写时，需要严格地自我审视，紧扣核心，剔除任何可能偏离主题的冗余内容，确保每部分文字都能够精准对接会展的目标、亮点或价值主张，从而优化信息传达效率，突出自身特色，增强文案的吸引力和说服力。

二、材料翔实

材料翔实强调了会展文案内容的真实可靠及全面深入。这意味着在准备和撰写文案过程中，必须进行充分地资料收集与调查研究，确保所涉及的数据、事实、分析等均准确无误，且来源可靠。这一原则强调了内容的精确性与深度，要求写作者规避一切未经验证的推测或夸大其词的表述。通过提供丰富而精准的信息，增强文案的说服力和权威性，使得目标受众能够基于翔实可靠的资料做出判断，做出更加明智的参与决策，为会展活动的成功举办奠定坚实的信誉基础。

三、结构严谨

结构严谨是指会展文案在整体布局上应具有高度的组织性和条理性，确保内容模块化分布，各部分之间衔接自然，逻辑连贯。这一原则要求写作者在撰写文案时首先要确立清晰的框架，各部分要素齐备，展现出完整的结构；同时要符合各会展文案相对固定的范式，合理划分引言、主体、结尾等部分，详略得当。在内容表达上，要遵循严密的逻辑推理，反映信息之间的因果、递进或对比关系，通过子标题的巧妙运用、段落的有序排列，帮助阅读对象一目了然地掌握文案主要内容，增强信息的可读性和记忆点，避免产生混淆或误解。

四、语言精练

语言精练是指在表达中以最少的词汇、最凝练的句式传达最丰富的意蕴和最关键的信息，避免冗长和累赘，确保言简意赅。这一原则关乎信息的高效传递与受众的即时吸引。这要求写作者深谙语言艺术，善用精准措辞与凝练表达，采用最直接、最贴切的语言构造文案，实现信息密度与吸引力的最大化，既不损失重要细节，也不造成误解，达到言之有物、意尽言中的效果。

五、表达准确

会展文案在语言精练的基础上要做到表达准确，无论是活动时间、地点这类客观事实说明，还是品牌理念、项目优势等宣传表述，其内容细节精确无误，确保每个要素都精准传达既定意图。这就要求会展文案撰写者深入理解所要传达的信息本质，熟练运用专业术语，所用词汇含义确切、无歧义。此外，文案写作者要掌握多样的文体及其运用语境，要结合目标受众特点和认知习惯，运用恰当的表达方式，如说明、叙述、论述等，以确保相关信息明确、清晰地呈现，有效地吸引目标受众并引导他们采取行动或作出决策。会展文案要在简洁与明确之间达成完美平衡，实现高效而精准的信息传输。

第二章

会展立项策划阶段文案

思维导图

- 会展立项策划阶段文案
  - 会展调研问卷
    - 会展调研问卷概念
    - 会展调研问卷的结构与写法
    - 会展调研问卷问题设计
    - 会展调研问卷设计注意事项
  - 会展市场调研报告
    - 会展市场调研报告概念与特点
    - 会展市场调研报告分类
    - 会展市场调研报告的结构与写法
    - 会展市场调研报告的写作要求
  - 会展立项策划书
    - 会展立项策划书概念
    - 会展立项策划书的主要内容
    - 会展立项策划书的结构与写法
    - 会展立项策划书写作注意事项
  - 会展项目立项可行性分析报告
    - 会展项目立项可行性分析报告概念
    - 会展项目立项可行性分析报告的主要内容
    - 会展项目立项可行性分析报告的结构与写法
    - 会展项目立项可行性分析报告写作注意事项

学习目标

- 了解会展立项策划阶段文案类别，熟悉各类文案的概念
- 掌握会展调研问卷的结构与写法
- 掌握会展市场调研报告的结构与写法
- 掌握会展立项策划书的主要内容、结构与写法
- 掌握会展项目可行性分析报告的主要内容、结构与写法

第一节　会展调研问卷

任务场景

　　2018年11月，首届中国国际进口博览会在上海成功举行，企业商业展共有来自151个国家和地区的3617家企业参展，展览范围包括智能及高端装备、消费电子及家电、汽车、服装服饰及日用消费品、食品及农产品、医疗器械及医药保健、服务贸易展等多个领域，意向成交额高达578.3亿美元。多年来，进博会按照"越办越好"的总要求，展会质量持续提高，战略作用日益凸显，国际影响更加广泛。消费者对国内市场进口商品的偏好意向，是中国国际进博会招商招展工作的关注点，也是进博会国内外参展企业增品种、提品质、创品牌的引进依据。对此，需要开展主要消费品需求状况调查，以便更好的地指导相关工作。

一、会展调研问卷概念

　　会展调研问卷，又称会展调查表，是针对会展活动不同群体根据一定的调查目的而设计的一种调研文体。展览、会议等活动组织者需要在活动前、活动中或活动后某一阶段基于某种目的开展调查，此时可以运用会展调研问卷这一文本工具。使用会展调研问卷有助于组织者更好地了解参展商、专业观众、参会者等目标客户的需求、期望和意见，调研结果为提升活动的质量和效果提

供依据。

会展调研问卷是获取信息和数据的载体，问卷设计质量直接影响获取信息和数据的有效性、客观性和可读性。一份优质的问卷应当能让被调查者易于理解，认真答题，而且能够在数据收集后进行整理、统计和解读，最终能够得出准确、有价值的结论。

二、会展调研问卷的结构与写法

（一）问卷标题

调研问卷的标题是对调研内容的高度概括。要具体明确、简洁明了，准确概括问卷的主题和内容，有时也可点明调查对象。标题要能吸引被调查者的注意力，激发他们的参与意愿，避免使用过于复杂或专业的术语，以免让被调查者感到困惑或失去兴趣。

（二）问卷前言

问卷的前言部分内容是问卷介绍，不宜太长，简明扼要即可，向被调查者阐明是一项什么类型的调研。其内容一般包括下列几个方面：

（1）称呼、问候语。注意亲切诚恳。

（2）说明调查发起单位或组织，增加问卷的可信度。

（3）调查的目的、内容与意义。

（4）对被调查者回答问题的要求，此部分也可在具体问题中作出说明。

（5）可以说明所需时间。

（6）向被调查者保证问卷的保密性，消除被调查者的顾虑。

（7）表示真诚的感谢，或说明将赠送小礼品。

（三）问卷主体

问卷主体即问卷的正文，主要包括两个部分。

一是调查的全部问题，即为了收集有关被调查者的行为、态度、意见等方面数据所设计的问题及备选答案。这部分是问卷调查的核心,也是问卷设计的重点。

二是关于被调查者的背景资料,如年龄、性别、教育程度、职业、收入等情况,该部分内容是被调查者分类比较的依据。这一部分资料涉及个人信息,可以放在正文开始,如果涉及较为隐私的问题,也可以放在问卷正文最后、结尾之前。

(四)问卷结尾

问卷结尾应包含向被调查者的合作表示再次感谢的结束语,有时也可强调问卷的重要性和价值,以及可能的后续行动。结束语要体现出调查者的礼貌态度。

三、会展调研问卷问题设计

会展调研问卷问题设计

(一)问题类型设计

1. 封闭式、半封闭式、开放式

它们各具特点,适用于不同的调查目的和场景。

(1)封闭式:事先设计各种可能的答案,由被调查者根据自己的实际情况进行选择。这种问题的优点是答案标准化,有利于被调查者对问题的理解和回答。由于限制了问题回答的范围和方式,这类问卷所获得的信息的价值很大程度上取决于问卷设计自身的科学性、全面性。

(2)半封闭式:结合了封闭式和开放式的特点,既提供了一些固定的答案选项,又允许被调查者进行补充或说明。通常在若干备选答案之后,增加"其他"一项,让被调查者自拟合适的答案。这种问题的优点在于既保证了答案的标准化和易于统计,又给予被调查者一定的表达空间。

(3)开放式:由被调查者根据自身情况自由作答,不提供任何可供选择的答案选项,这类问题能自然地充分反映被调查者的观点、态度和想法,为调查者提供丰富而深入的信息。开放式问题难以控制回答的深度和广度，可能存在信息模糊或难以量化等问题。

2. 事实问题、行为问题、动机问题、态度问题

从问题具体内容来看，可分为以下几个方面。

（1）事实问题：旨在收集被调查者关于实际情况或行为的客观信息。这类问题通常要求被调查者提供具体的数据、事实或经历。事实问题具有明确的答案，不依赖于被调查者的主观感受或观点。例如，"贵公司所属行业是？"

（2）行为问题：旨在了解被调查者如何做某件事，或者他们在特定情境下的具体行为。行为问题可以帮助研究者分析被调查者的行为特点和规律。例如，"您通常通过什么方式获取展会信息？"

（3）动机问题：旨在探究被调查者做某件事的原因或目的，关注被调查者内心需求和驱动力，有助于理解其行为背后的深层原因。例如，"您认为什么因素促使您参与这次活动？"

（4）态度问题：旨在了解被调查者对于某个主题、观点或行为的看法、情感倾向或偏好。这类问题通常要求被调查者表达自己的观点、感受或评价。态度问题的回答具有主观性，可能因个体差异而有所不同。例如，"您对展会的整体满意度是？"

此外，还可以分为直接问题、间接问题、假设问题。采用何种类型的问题提问，是问卷设计中的询问技术问题。要充分考虑被调查者作答意愿，对敏感性问题，为避免被调查者有所顾虑、不愿意或不真实地作答，可采用间接问题、假设问题进行提问。

（二）问题答案设计

针对不同类型的问题，回答方式有如下几种。

1. 是非式问题答案

是非式问题提供的答案只有两个，从中选择一个，如"是"与"否"，"有"与"无"等。是非式问题呈现了两种极端的答案类型，特点是简单明了，缺点

是难以了解和区分被调查群体中客观存在的不同态度层次。

2．选择式问题答案

选择式问题是从多个答案中挑选最适合个人实际情况的答案，可以是单选或多选。这是会展调研问卷中采用最多的一种问题类型。选择式问题答案设计要互斥，不能重叠或包含，同时要尽量完备。

3．等级式问题答案

等级式问题答案是由一系列等级构成，要求被调查者只能从中选择一个答案。等级式回答方式测量被调查者对某个事物或观点的认同程度、满意度等。根据表示等级的方式，可以分为文字式和数字式。如"非常满意、比较满意、一般、较不满意、很不满意"，分别记为5、4、3、2、1。等级式问题经常用李克特量表题和NPS量表题。

4．排序式问题答案

排序式问题要求被调查者根据一定的规则或标准，如重要性、满意度、偏好等，对一组选项进行排序。优点在于能够揭示被调查者对于不同选项之间的相对关系和优先级，有助于研究者了解不同因素在被调查者心中的相对重要性。

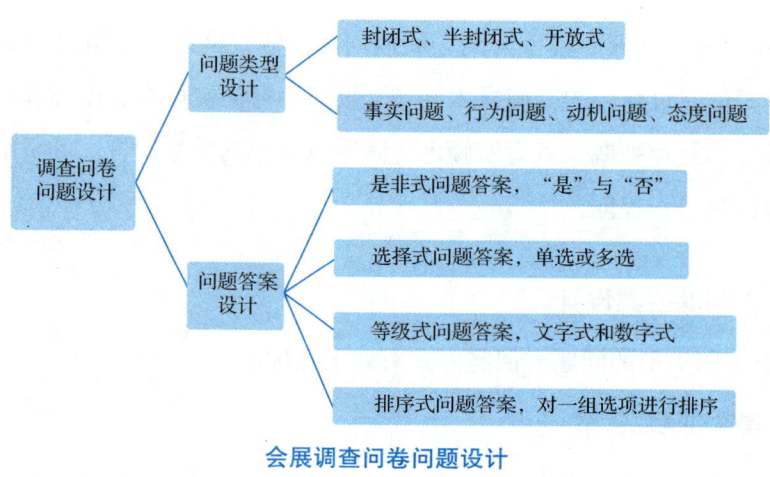

会展调查问卷问题设计

四、会展调研问卷设计注意事项

（一）问卷的排序由简入繁

符合应答者的思维程序，一般是先易后难、先具体后抽象地进行循序渐进式排序。

（二）先后顺序具有逻辑性

按照正常的思维逻辑排列问题，遵循时间顺序或类别顺序，不要跳跃和穿插。

（三）注意问法的一致性

应尽量避免在同一问卷中使用多种不同维度的打分标准，保持问题格式和用词的一致性。

（四）用语准确通俗易懂

表述应当简短清晰，减少使用专业性强的术语，不能诱导提问，不能双重提问，避免主观性和暗示性问题，以免答案失真。

（五）控制问卷的长度

问题数量适度，回答问卷的时间控制在 30 分钟以内。

范文示例

第 135 届中国进口商品交易会调研问卷

范文示例

拓展阅读

会展问卷调查的方式

会展调研工作几乎存在于会展项目运作全过程。在立项策划前，会展活动组织者通过大量的市场调研，提前对目标参与者进行专业、科学地调查，对相关内容进行统计分析，深入了解会展参与者需求，以确定会展项目的可行性。会展项目在组织阶段，需要通过抽样调查参与者相关信息，如参展目的、参加动因、获取信息的渠道、满意度评价等，为后续项目运作的改进提供依据。在会展项目运作结束后，主办单位、地方行政部门开展回访调研，以了解展会展项目组织情况。

问卷调查是会展调研中最常见的方法，可采用线下和在线两种方式进行。

线下问卷调查可通过电话访问、邮寄、现场发放等方式进行。电话访问是通过电话向被调查者提问，由调查者根据受访者的应答填写问卷内容。邮寄是将问卷寄送给被调查者，待其完成填写后，再通过邮寄方式回收问卷。现场发放是由调查者将问卷分发给选定的目标群体，在现场统一回收已完成的问卷。

在线问卷调查，即通过网络渠道发放问卷，常见渠道包括网页链接、二维码、在线调查平台等。其优点主要在于高效、便捷、覆盖范围广且成本低。随着互联网数字技术的发展，针对大量会展参与者进行的问卷调查，通常首选在线调查的方式。

目前，国内较知名的在线问卷调查平台有问卷星、问卷网、调查派、腾讯问卷等。

问卷星是集"在线问卷调查、考试、360度评估、表单、测评和投票"于一体的数据收集、分析和管理平台。该平台提供包括单选、多选、矩阵、排序、量表、比重、表格、文件上传等多种题型，题目可设置关联、跳转、引用等三种问卷逻辑，实现题目选项之间的复杂关系。问卷星可以通过QQ、微信、微博、二维码、短信、邮件等多种方式邀请被调查者填写并收集问卷。此外，问卷星还提供分析和报告功能，允许用户快速轻松地分析和查阅调查数据。

腾讯问卷是腾讯推出的在线问卷调查平台，该平台前身是腾讯内部用户、市场、产品研究的重要工具，于2015年正式对外开放，提供从问卷设计、数据采集到统计分析的一站式专业调查研究服务。

实训任务

新一届中国国际进口博览会即将于年底召开。为了解相关消费品的市场需求，以便更好地提供展会服务，展会主办方拟通过问卷调查的方式展开调研。请为此设计一份调研问卷，并以在线形式发放。

评价标准

调研问卷设计与发放综合评价表

序号	评价要点	分值	自评评分（20%）	互评评分（30%）	教师评分（50%）	综合评分
1	标题简洁明了	10				
2	前言完整规范	10				
3	内容切合实际	10				
4	语言表达准确	10				
5	问题清晰易答	10				
6	选项全面合理	10				
7	结构编排科学	10				
8	题量设置适中	10				
9	发放渠道合适	10				
10	数据收集有效	10				
	合计	100				

第二节　会展市场调研报告

任务场景

近几年，中国会展产业发展呈现出强劲的发展态势。会展业数智化转型升级，诸如虚拟现实（VR）、增强现实（AR）和人工智能（AI）等高科技手段的应用，为参与者提供了更为沉浸式和个性化的体验。会展业的绿色化和可持续发展也得到了重视，行业积极推动绿色标准和循环使用的实践。从空间布局来看，北京、上海、广州等一线城市凭借其国际影响力和成熟的会展体系，继续引领行业发展，成为全球会展活动的重要舞台。同时，一些新兴会展城市如杭州、成都、长沙、西安等，结合地方特色产业和文化资源，构建了独具特色的会展生态圈。整体而言，会展产业正向着更加专业化、国际化和多元化的方向发展，展现出蓬勃的生命力和广阔的发展前景。

会展业的蓬勃发展正成为推动城市经济增长的新引擎，各地城市对此日益重视。为此，为了深入了解和评估城市会展业的发展现状与潜力，细致的调查研究成为不可或缺的手段。

一、会展市场调研报告概念与特点

（一）会展市场调研报告概念

会展市场调研报告是指通过一系列系统、科学的方法，对会展领域特定工作、事件、问题等经过深入细致的调查后，将收集到的资料加以系统整理，并分析研究后编写的书面文件。会展市场调研报告使用主体广泛，会展行政管理机关、会展行业协会、会展企业、会展活动主办者及承办者等都可能使用这一文体。会展调研报告旨在为决策者提供客观、准确的市场信息和数据支持，其结论和建议为更好地了解市场动态、把握发展趋势、评估潜在机会与风险、作出科学决策或规划提供重要依据。

会展市场调研报告是一种应用文体，从实际使用情况看，常见的诸如"调研""调查""调查报告""调查分析""调查与建议""考察报告"等，均属于调研报告。

（二）会展市场调研报告特点

1．写实性

调研报告是在占有大量现实和历史资料的基础上，用叙述性的语言实事求是地反映客观情况。报告中数据的可靠性、案例的代表性以及信息的及时性都经过仔细评估，调研报告具有可信度。

2．针对性

调研报告通常具有清晰明确的目标，旨在解决特定的市场问题、探索特定的市场需求与机会或研究经验做法。报告的内容紧密围绕调研目的展开，反映的情况集中而有深度，调研结论具有针对性。

3．客观性

调研报告采用科学严谨的方法，运用严密的论证分析，客观展现数据、资料间的关联性，能区分事实陈述与观点推论，论证过程不主观臆断，结论具有客观性，能够帮助决策者基于客观情况做出研判。

二、会展市场调研报告分类

（一）按照形式分

1．综合性调研报告

这类调研报告是一种全面分析和评估会展行业或某个会展活动的各个方面的书面文件。它的目的是提供一个广泛而深入的行业视角，可覆盖市场趋势、竞争态势、运营策略、新技术应用等诸多维度。综合性调研报告面向的对象，通常是会展行业内的决策者、政府机构和研究学者。

2．专题性调研报告

这类调研报告是针对会展行业某一特定主题或领域进行深入研究和分析的书面文件。专题性调研报告更倾向直接服务于关注特定主题的群体，如会展活动组织者、企业参展商等。

（二）按照内容分

1．反映情况的调研报告

这类调研报告是比较系统地反映本地区会展业发展态势、本单位会展经营情况的书面文件。

2．典型经验的调研报告

这类调研报告通过分析会展工作典型事例，总结新经验，从而更好地推进会展工作的书面文件。

3．查实问题的调研报告

针对会展某方面问题，进行专项调查，判明问题原因，提出可行性建议，为问题的后续处理提供依据的书面文件。

三、会展市场调研报告的结构与写法

（一）标题

标题是报告的题目，标题应力求醒目，突出观点，吸引读者。标题可以有两种写法。一种是规范化的标题格式，一般由介词"关于"加主题、文种组成，基本格式为关于××的调研报告、关于××的调查报告/调查等。如《关于会展经济"溢出效应"赋能高质量发展的调查报告》。另一种是自由式标题，又分为（1）陈述式，如《中国会展主办机构数字化调研（2024）》；（2）提问式，如《为什么会展大学毕业生择业倾向沿海和京津地区》；（3）正副标题结合式标题，正题陈述调查报告的主要结论或提出中心问题，副题标明调查的对象、范围、事由，如《花卉园艺展览的"成功之道"——苏州花展的考察报告》。

（二）署名

调研报告的撰写者需要在标题页署名。署名方式可以是个人名字、单位名称或课题组名称。

（三）目录

调研报告内容较多时，以目录索引的方式列出各章节或各层级标题，并标明相应页码，以方便读者阅读。

（四）正文

正文一般分引言、主体、结尾三部分。

1．引言

调研报告的引言（或前言、导语、开头），是调研报告的开篇，主要用于说明报告的目的或结论,引起下文。引言要求用语言简意赅、观点明确、引人入胜。

调研报告引言部分主要说清楚三个问题。一是为什么要调研,交代调研的背景、目的和意义。二是调研了什么,介绍调研的时间、地点、范围、调查对象基本情况,或阐述基本观点等。三是说明调研是如何做的,讲清楚采用的调研方法。此部分内容不拘一格,形式多样,可以是简介式、概括式或交代式导语。

有些调研报告没有引言或导语,按调研的内容分别叙述。

2．主体

这是调研报告最主要的部分,这部分详述调查研究的基本情况、做法、经验,以及分析调查所得材料,并得出具体认识、观点和结论。

主体部分有三种写作方式。一种是横式结构,即调研分析后得出结论,按其内在逻辑联系,并列分成几个部分,每个部分紧紧围绕全文中心分别加以叙述说明;二是纵式结构,根据事件或问题发生、发展先后顺序或调研过程的进展来逐一阐述说明;三是综合式结构,即纵横兼而有之,互相穿插组织安排结构层次。

3．结尾

这部分是分析问题、得出结论,解决问题的必然结果。调研报告结尾形式有以下几种:① 概括式。总结全文的主要观点,进一步深化主题。② 展望式。对报告涉及的事物发展趋势进行展望,规划探索方向。③ 建议式。提出解决问题的方法、对策或下一步改进建议。④ 启发式。提出问题,引发人们进一步思考,或者由点到面,思考事物发展的共性问题,给人启迪,也可提出告诫,以引起人们的关注。

有的调研报告没有结束语,就以正文部分的末段自然结束,意尽言止。无论采取什么方式结尾,都要根据调研报告写作的目的和内容需要,有话则长,无话则短。

（五）附录

附录是位于正文之后的一系列补充材料,这些材料通常与正文的主题相关,但并不是阅读和理解正文所必需的，旨在帮助读者深入理解报告的分析和结论。

附录可以是补充详细信息，当某些信息对理解正文内容有帮助，但过于详细或技术性较强，可能会打断正文的流畅性和逻辑性时，这些信息会被放在附录中。对于理解报告内容至关重要但又不适合放在正文中的详细资料和数据，也可以附录的形式出现在报告的最后。附录还可以是支持材料，如参考文献、索引、术语表、版权信息、致谢等，这些对读者理解文本或进一步研究主题有辅助作用。附录的使用有助于保持正文的清晰性和突出重点，同时提供了全面的背景信息或数据支持。

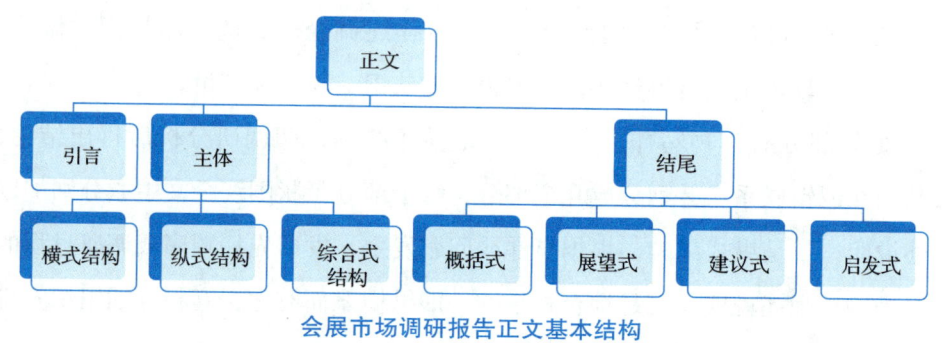

会展市场调研报告正文基本结构

四、会展市场调研报告的写作要求

调研报告离不开确凿的事实，它不是资料的简单罗列，而是对核实无误的数据和事实进行严谨的逻辑论证，深入剖析现象背后的成因，挖掘其内在的本质与规律，预测事物发展变化的趋势，形成准确和深刻的见解。因而，调研报告写作过程要注意以下几点。

（一）论证过程观点与材料相结合

调研报告论证过程要用事实说话，报告的结论要建立在坚实的材料之上，因而撰写报告既要以材料说明观点，又要用观点统率材料，做到事实与观点相结合。常见的写作策略有三种：一是先叙后议法，先详细介绍事实情况，随后归纳总结，最终提出观点和结论；二是夹叙夹议法，在叙述事实的同时，适时插入分析和评论，使观点与材料相互交织，增强报告的连贯性和说服力；三是论点先行方法，报告开篇即亮出观点，随后以一系列事实和数据作为论据，支撑和阐明观点。

（二）全篇布局有严密的框架结构

一篇思路清楚的调研报告，其内容要具有严密的逻辑性，既做到周延而没有漏洞，又内在一致没有矛盾。为了形成一份条理清晰、论证严谨的报告，必须谋篇布局。布局反映在提纲上就是文章的"骨架"。拟定提纲就要紧密围绕主题，从引言到结论每部分环环相扣，形成一个完整而有力的论述体系，从而实现信息的有序传递与论证的层层深入，确保信息内容的无缝衔接与逻辑递进，有效地传达研究的核心价值与成果。

（三）写作行文注重表达与用词

写作过程中，应采用客观、中立的语气，避免主观臆断或情绪化的表达。比如使用"表明""显示""发现"等词来陈述事实，而不能用"认为""感觉"等主观色彩明显的词语。在行文时既有事实陈述，又有理论高度，能定性分析与定量分析相结合。报告语言表达清晰规范，通俗易懂。在数字、图表、专业名词术语的使用时，做到深入浅出。文字富有表现力，力求准确、鲜明、质朴。

📁 范文示例

中国会展主办机构数字化调研（2024）

本调研由中国会展经济研究会数字会展工作委员会、中国贸易报社、长三角会展研究院、上海对外经贸大学会展与传播学院和31会议研究院联合发起并编制，报告版权和成果归属以上机构共同所有，转载或引用请注明来源。来源标准名"DRCEO：中国会展主办机构数字化调研2024"。

由于调研样本的有限性和时效性，调研结果也许不具有普遍性，仅供参考。

📍 **拓展阅读**

会展市场调研的步骤与方法

在撰写高质量的会展调研报告前，需要开展认真、细致、周密的调查活动，以获取准确和可靠的材料。通常会展市场调研分为以下几个步骤。

1. 确定目标

确定调研目标是会展市场调研工作的第一步，是整个调研过程的起点和基础。明确调研的目标即确定需要通过调研解决的具体问题或获取的信息类型。比如了解参展商和观众的需求，评估市场潜力或分析竞争对手。明确调研目的有助于确定调研的方向、方法和内容，以确保调研结果能有效地反映现实情况和提供决策支持。

2. 制定方案

调研方案是组织调研活动的依据，直接关系着调研工作能否顺利进行。调研活动需要花费大量的人力、物力和时间，是个系统性工作。调研方案通常包括调研的目的、内容、对象、抽样设计和调研方法，还包括调研的时间、地点、人员安排、进度安排和预算规划，以确保所有调研活动按计划且在财务许可范围内进行。整体而言，一个周密的调研方案为后续的数据收集和分析奠定了坚实的基础。

3. 收集资料

资料收集是将精心设计的调研方案付诸实践的过程。这一阶段涵盖了多种方法的应用，包括但不限于问卷调查、深度访谈、焦点小组讨论、观察研究以及利用二手数据进行分析。调研人员需严格遵循调研方案，运用恰当的工具和技术，从目标群体中收集原始数据，同时整合行业报告、学术文献、在线资源等现成资料，系统地获取相关信息。

4. 整理和分析资料

通过各种方法，从各种渠道收集而来的资料，是各自独立、无序和分散的。要"去粗取精、去伪存真、由此及彼、由表及里"从材料中甄别出有价值的信息，经过系统整理和研究分析信息，挖掘信息背后所反映出的规律、本质及趋势，从而发挥调研的作用。这一阶段，科学性的分析方法地运用，尤为重要。

5. 撰写报告

会展调研活动中的最后一个重要阶段就是撰写高质量的调研报告。调研报告最好由熟悉整个调研过程的人执笔,依据有关布局结构和格式,精准地归纳和总结调研发现,对一些有价值的动向,还需要给出建议是否进一步开展更加深入的调查。在撰写的过程中,要严格遵守写实性、针对性、客观性和可读性原则。

会展市场调研是一个不可或缺的外部信息捕捉方式,获取信息的方法有很多,常用方法见下。

1. 观察法

观察法作为一种直接的调研手段,允许调研者亲临现场,运用直观感知如视觉、听觉,甚至辅助以专业设备,来捕捉并记录目标对象的行为特征及环境细节,以此收集一手资料。比如市场调研人员到同类型展会观察办展情况。

2. 访问法

(1) 问卷法

问卷法是通过发放精心设计的调研问卷,让被调研对象将自己对某件事物的意见或者看法填入问卷中,以此来获取所需的市场信息,是获取一手资料的很常用的一种研究方法。比如发放问卷调研参展商的满意度。

(2) 小组焦点访谈法

小组焦点访谈法以小组座谈的方式,由主持人引导被调研对象,对既定主题进行充分和详尽的讨论,从而深入了解有关问题的一种调研方法。比如为了解行业发展趋势,可以邀请政府主管领导、行业协会领导、展商代表、专业观众等组成小组进行焦点访谈。

(3) 深度访问法

深度访问法由一个访谈者和一个被访者进行一对一的非结构化和半结构化的交谈,用于探索个人的深层次的想法、感受、动机和态度。比如对展会重要的参展商、专业观众都可以采用这种方法调研其意度。

3. 实验法

实验法需要调查人员亲自实践,通过改变所处的环境条件,对实验对象进行观察与分析。实验法对调研技术、调研人员的专业能力要求非常高。比如在展会中举办创新活动,调研参展商和观众人数的变化、意见的转变。

4. 文献调查法

文献调查法是一种系统地收集、分析和解释现有文献资料的研究方法。这种方法主要用于收集与研究同主题相关的二手资料,如企业内部数据、协会发布的信息、政府有关公报和政策、各种信息机构统计资料、各类媒体报道等。

 实训任务

随着会展业对区域经济的推动作用日益凸显，众多城市高度重视会展业的发展，并探索和实践"会展+"模式，通过将会展业与旅游、科技、文化、体育等行业深度融合，创造出更加多元化的价值链。请以所在区域为调查对象，开展会展业发展现状调研，围绕一个主题，撰写一份调研报告。

 评价标准

会展调研报告评价表

序号	评价要点	分值	自评评分（20%）	互评评分（30%）	教师评分（50%）	综合评分
1	调研立足实际	10				
2	目标明确清晰	10				
3	论证客观中立	10				
4	结构完整严密	20				
5	观点材料结合	20				
6	语言准确规范	20				
7	表达方式合理	10				
	合计	100				

第三节　会展立项策划书

任务场景

2023年9月21日至24日，第五届大运河文化旅游博览会（简称"第五届运博会"）在江苏省苏州市成功举办。本届运博会由文化和旅游部指导，江苏省委宣传部、江苏省文化和旅游厅、江苏省人民政府外事办公室、江苏省文学艺术界联合会以及苏州市人民政府共同主办，是一场汇聚了大运河沿线城市文旅精品、特色旅游产品、非遗文化以及国际友人参与的文化旅游盛会。博览会设六大主题展览，包括运河城市文旅精品展、运河特色旅游产品展、运河文旅产业展、运河非遗展、"丝路与运河的邂逅"主题展以及运河美食文化展，全面展示了大运河文化的独特魅力和文旅融合发展的广阔前景。活动期间，还举办了开幕仪式、主题论坛、互动联动等一系列丰富多彩的活动，吸引了近12万人次逛展，线上受众超过4亿人次。大运河文化旅游博览会的成功举办离不开立项阶段的精心策划。

一、会展立项策划书概念

会展立项策划书是根据掌握的各种信息，对即将举办的展览会的有关事宜进行初步规划，设计出展览会的基本框架，提出计划举办的展览会的初步规划内容。这一过程涉及对展会名称、地点、办展机构、展品范围、办展时间、展会规模、展会定位、招展计划、宣传推广和招商计划、展会进度计划、现场管理计划以及相关活动计划等多方面的综合考量。

会展策划是一个系统性工程，目标是起点，信息是基础，创意是核心。会展立项策划书是会展项目成功举办的基础和关键。通过详细的策划和规划，可以确保展会的目标明确、内容丰富、流程顺畅，从而吸引更多的参展商和观众参与，提升展会的影响力和经济效益。

会展立项策划书是会展项目筹备阶段不可或缺的重要文案之一，成功的会展必然建立在周密而系统的科学策划基础上。

二、会展立项策划书的主要内容

一般来说，会展立项策划书主要包括以下内容。

（一）会展项目的市场环境分析

包括对会展主题（会议主题、节事活动主题和展会展览题材）所在行业和市场情况的分析，对国家有关法律法规、政策的分析，对同类、具有竞争关

微课
会展立项策划书写作要点

系的会展情况的分析，对会展举办地市场的分析等。

（二）会展项目的基本框架

包括项目名称和地点、组织机构、展品范围（或会议议题等）、举办时间、会展规模、会展定位等。

（三）人员分工计划

统筹安排会展工作人员。明确各流程环节的职责和任务，确保各个环节都有专人负责，做到分工明确，责任到人。

（四）会展招展招商和宣传推广计划

包含招展、招商的方法、渠道、策略、广告和新闻发布的计划等。

（五）会展工作进度安排

制定详细的筹备进度表，确保各项工作按时完成。

（六）现场管理计划

规划会展活动现场的管理工作，包括安保、秩序维护、观众服务等。

（七）相关活动计划

包括开幕式、展览中的研讨会、会议中的展览会、表演、评奖、集体签约等活动的策划与安排，以增加项目的吸引力和影响力。

（八）相关服务商的安排

包括搭建、运输、住宿、餐饮、旅游等服务商的选择。

（九）经费预算

包括设定会议的收费标准，制定展会展位出租、门票销售的价格，并对举办该会展项目所需的各项支出和预期收入进行初步预算。

三、会展立项策划书的结构与写法

（一）封面

会展立项策划书一般篇幅较长，有必要设置一个封面，力求简单、庄重，封面应包含标题、署名、成文日期。

标题应当写明会展项目的全称加上文种，如"第五届大运河文化旅游博览会立项策划书"。署名一般应当署策划机构的名称，如果是由具体承办人员策划并拟写的，可写明策划人员的姓名。成文日期要写明具体的年月日。一般报上级机关审批的策划书写提交日期，经批准下发的策划书写批准日期。

（二）目录

目录体现的是立项策划书的整体思路，通过目录可以窥见立项策划书的全貌，有助于阅读者了解策划书主要内容构成并快速定位到重点部分。一般目录到三级标题即可。

（三）正文

正文部分应当逐项写明会展立项策划书的主要内容，分章分节或分项标号，结构安排上一般采用序号加小标题的形式。

1. 项目背景

应写明项目所属行业发展现状和趋势，目标市场和潜在客户群体等，即会展项目的市场环境分析，可通过前期写作的调研报告获得以上信息。此部分内容大型会展项目立项策划书可单独设立一个章节"×××项目市场环境分析"，小型会展项目立项策划书则可直接写"项目背景"。

2. 项目意义、目的

应分别从社会效益和经济效益方面阐述项目的意义和能够取得的成果，以充分调动参与方的积极性，提高参展意愿。

3．项目基本框架

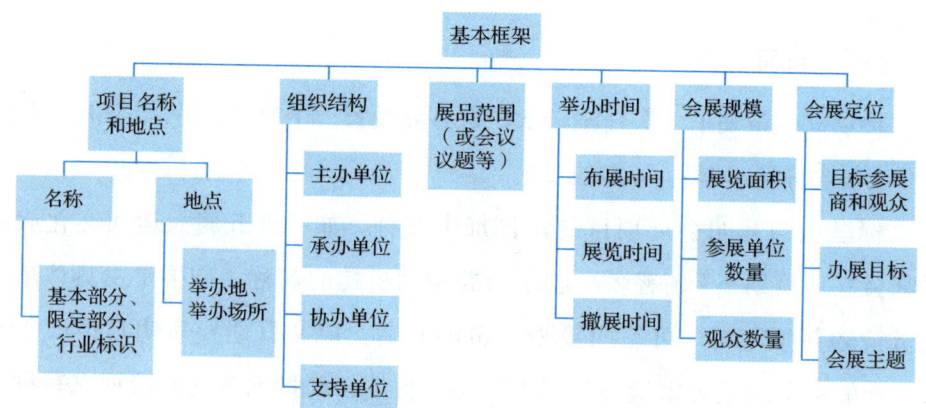

项目基本框架要素

（1）项目名称和地点：明确会展项目的名称和举办地点，包括具体城市及展馆（或活动地点）。

①展会的名称通常包括三方面的内容：基本部分、限定部分和行业标识。

基本部分：用来表明展览会的性质和特征，常用词有：展览会、博览会、展销会、交易会、节等。

限定部分：用来说明会展举办的时间、地点和会展的性质。举办时间的表示办法可以用"届"来表示，也可以用"年"来表示，还可以用"季"来表示。其中用"届"来表示最为常见，它强调会展举办的连续性。

会展举办的地点在会展的名称里也要有所体现。会展名称里体现会展性质的词主要有"国际"、"世界"、"全国"、"地区"等。如"第六届中国国际进口博览会"的"国际"表明这是一个国际展。

行业标识：用来表明展览题材和展品范围。行业标识通常是一个产业的名称，或者是一个产业中的某一个产品大类。如"第八届世界物联网大会"中的"物联网"即行业标识，表明是物联网产业的大会。

②举办地点：应包括以下两方面的内容：一是展会（或会议等）在什么地方举办，二是展会（或会议等）在哪个展馆或者其他场所举办。

选择具体举办场所时要结合会展定位、展览主题而定，还要综合考虑使用该场所的成本，时间安排方面是否符合需求以及该场所本身的设施和服务等因素。

（2）组织机构：列出主办单位、承办单位、协办单位、支持单位等，明确各自的职责和角色。

主办单位：拥有会展项目并对项目承担主要法律责任的单位。

承办单位：直接负责会展项目的策划、组织、操作与管理，并对项目承担主要财务责任的单位。

协办单位：协助主办或承办单位负责会展项目的策划、组织、操作与管理，部分承担招展、招商和宣传推广工作的单位。

支持单位：对会展项目策划、组织、操作与管理，或者是招展、招商和宣传推广等工作起支持作用的单位。

（3）展品范围（或会议议题等）：根据展会定位，确定展品的范围，可以包括一个或多个产业的产品。根据会议、活动需要，确定相应议题。

（4）举办时间：确定具体举办日期和时间安排，包括布展、展览和撤展等时间节点。

一般会展项目需尽早确定的重要日期和时间段有以下几项。

①开幕日和闭幕日。

②会展期间的主要活动时间安排。

③参展（或参会）报名截止期。

④组团报名截止期。

⑤代办签证截止期。

⑥展位搭建进场日。

⑦观众开放参观日期。

⑧撤展期限。

（5）会展规模：在规划会展规模时，要充分考虑产业的特征。以展会为例，会展规模包括展览面积、参展单位数量、观众数量，在策划一个会展项目时，对这三个方面都要做出预测和规划。

（6）会展定位：从市场营销学的角度来看，所谓定位，就是产品或服务在消费者心目中的地位。以展会为例，会展定位就是组织者希望把本次展会办成什么样子，要清晰地告诉参展企业和观众本次展会"是什么"和"有什么"。

会展定位要能尽量反映展览题材所在产业的发展趋势，抓住该产业的热点，体现该产业的亮点和市场的特点，或者，要能切实满足该产业某一细分市场的需求。会展定位要明确会展的目标参展商和观众、办展目标、会展的主题等。

4．人员分工计划

明确各个工作组，统筹安排会展工作人员的工作。

5．招展、招商计划

招展计划主要是为招揽企业参展而制定的各种策略、措施和办法。招商计划主要是为招揽观众参观而制定的各种策略、措施和办法。

应写明招展招商目标，如吸引知名企业参展等；列出展会招展招商渠道，如直接邀请、代理招商等；制定展会招展招商政策，如展位优惠、参展补贴等。

6．宣传推广计划

宣传推广计划则是为建立会展品牌和树立会展形象，并同时为会展的招展和招商服务的。应写明展会的宣传目标，如提高知名度、吸引观众等；列出展会的宣传渠道，如广告、公关、社交媒体、行业媒体等；制定展会的宣传内容，包括展会亮点、展品特色、活动安排等。

7．会展进度计划

会展进度计划是在时间上对会展的招展、招商、宣传推广和展位划分等工作进行的统筹安排。可通过制定项目里程碑计划表明确各个阶段的关键时间节点，直到会展成功举办。

8．现场管理计划

现场管理计划是会展项目筹备和执行过程中至关重要的一部分，以展会为例，它涉及展会开幕后对展会现场进行有效管理的各种计划安排。一般包括展会开幕计划、展会场馆管理计划、观众登记计划和撤展计划以及现场的安全保障措施等，确保活动顺利进行。

9．相关活动计划

会展相关活动计划是对准备在会展期间同期举办的各种相关活动做出的计划安排。如组织相关的论坛会议，邀请专家学者和行业代表进行演讲和交流；

安排展品展示区域，展示参展商的最新产品和技术；提供贸易洽谈区域，促进参展商和观众之间的商务合作；根据会展项目的特点和需求，还可以安排其他相关活动，如文化表演、抽奖活动等。

10．相关服务商安排

选择可靠的服务商，确保能够提供以下服务。

（1）展位搭建：提供展位搭建服务，确保展位的质量和安全。

（2）展品运输：协助参展商安排展品的运输和仓储。

（3）餐饮住宿：提供会展活动期间的餐饮和住宿服务。

11．经费预算

（1）收入预算：列出主要收入来源，如展位销售、门票销售、广告收入等，并预估收入金额。在制定展位价格时，一般遵循"优地优价"的原则，即那些便于展示和观众流量大的展位的价格往往要高一些。

（2）支出预算：详细列出各项支出，如场地租赁、宣传推广、展品运输、人员费用等，并预估支出金额。

（3）利润预算：计算预计利润。

（四）附件

如有附件，写明附件的序号和名称。

四、会展立项策划书写作注意事项

（1）会展立项策划书写作必须明确目标，围绕中心，体现策划意图。

（2）会展立项策划书的目的是能够成功地举办会展活动，因此，可行性是会展立项策划书写作的出发点和落脚点。

（3）关于经费预算，策划人员要能够运用合理的定价策略，确定展位价格和参会费用，对于各种收支费用尽可能细化，力求达到经济效益最大化。

（4）写作过程中须考虑版权、商标等知识产权问题，确保所有活动都符合当地的法律法规要求。

 **范文示例**

第十七届中国无锡国际新能源电动车

展览会立项策划书

范文示例

 **拓展阅读**

会展立项策划书的写作规范

会展立项策划书是决定会展活动能否成功实施的重要基础。在写作中，必须遵循严谨规范的总体原则。

一、结构规范

会展立项策划书的结构要合理完整，在组成框架上不能无故缺失。从具体内容组织上说，各部分之间要符合逻辑，科学有序，避免产生任务时间线索、活动空间布局上的混乱。

二、概念规范

会展策划是专业性的工作，因此在策划书中经常会使用相关术语。在写作时，使用的专业术语要规范，并符合行业标准；概念使用要求严谨，保持前后一致；不随意使用口头语言，以保持策划书的权威性和专业性。

三、版式规范

会展立项策划书在进行文本编辑时，需统一规范字体、字号、段落、图表格式等。绘制图像及形象标识时要清晰准确，不能出现模糊不清的情况。要重视色彩搭配、版式特点，确保形成风格统一的整体形象。

四、论证规范

会展立项策划书在写作中，要遵循科学实际的原则，注重科学方法和权威数据的应用。引用数据时一般应标注来源，文字表述和图表展示应统一契合，策划的各个事项需关联清晰。写作内容分析要认真细致，不得杜撰材料，不得草率写作。

实训任务

新一届大运河文化旅游博览会将于明年9月份举办。为更好擦亮运博会这块金字招牌，展示运河文化魅力，深挖其文化内涵和现实价值，办好本届运博会，请结合运河沿线城市实际，写一份立项策划书。

评价标准

会展立项策划书综合评价表

序号	评价要点	分值	自评评分（20%）	互评评分（30%）	教师评分（50%）	综合评分
1	结构清晰完整	10				
2	语言表达准确	10				
3	市场分析深入	10				
4	基本框架合理	10				
5	人员分工明确	10				
6	执行计划可行	25				
7	经费预算科学	10				
8	专业性强	5				
9	创新性高	5				
10	整体印象佳	5				
	合计	100				

第四节　会展项目立项可行性分析报告

任务场景

"一河通古今，一脉传千年。"从2019年起，大运河文化旅游博览会每年举办一届，致力于打造国内外有影响力的文旅融合发展平台、文旅精品推广平台、美好生活共享平台，历届博览会均吸引了大量游客和参展商，展示了丰富的文化产品和旅游资源，推动了文化交流与产业融合，鉴于前五届运博会的成功举办及广泛影响，现已启动新一届大运河文化旅游博览会的筹备工作，为确保新一届大运河文化旅游博览会取得成功，需进行立项可行性分析。

一、会展项目立项可行性分析报告概念

会展项目立项可行性分析是在会展项目立项策划之后，运用专门的技术经济方法对拟开展的会展项目（包括会展活动、场馆建设等）的必要性，实施的可行性、有效性和风险性进行分析、预测、计算、评估和论证，为选择最佳会展决策方案提供科学依据。会展项目立项可行性分析报告，也叫可行性研究报告，是在对会展立项进行可行性分析的基础上完成的研究报告。该报告是办展机构进行决策是否要举办该会展项目的重要依据，也是会展申办审批的必备材料。

会展项目立项可行性分析报告是会展项目策划的继续，要对会展项目立项是"可行的"还是"不可行的"做出系统的评估和说明，并为最终完善该会展项目立项策划的各具体执行方案提供改进依据和建议。

二、会展项目立项可行性分析报告的主要内容

（一）市场环境分析

1．宏观市场环境

包括人口环境、经济环境、技术环境、政治法律环境和社会文化环境。

微课

会展项目立项可行性分析报告的主要内容

2．微观市场环境

微观市场环境是指对办展机构举办会展构成直接影响的各种因素。包括办展机构内部环境、目标客户、竞争者、营销中介、服务商和社会公众等。

3．市场环境评价

对市场环境进行整体分析和综合评估最常用的方法是SWOT分析法。所谓SWOT分析法就是把办展机构所面临的宏观和微观市场环境各要素综合起来进行分析，得出市场环境对办展机构举办该会展项目所形成的优势（Strengths）、劣势（Weakness）、机会（Opportunities）和威胁（Threats），并将这四个方

面结合起来研究以寻找到适合办展机构举办该会展项目的可行战略和有效对策。

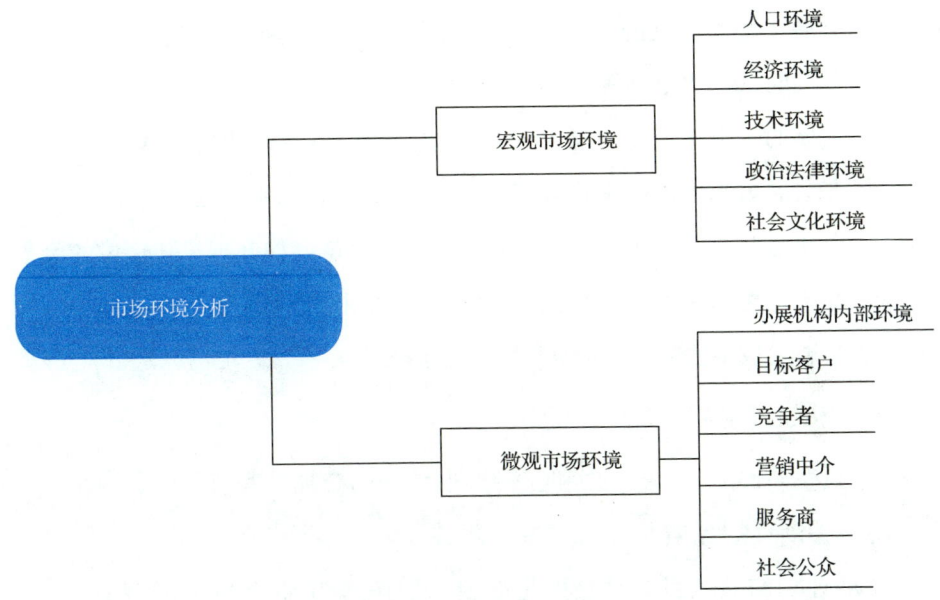

市场环境分析主要内容

（二）会展项目生命力分析

1. 项目发展空间

项目发展空间主要是指分析举办该会展项目所依托的产业空间、市场空间、地域空间和政策空间等是否具备。

2. 项目竞争力

分析本项目与同题材的其他会展项目相比是否具有竞争优势，包括会展定位的号召力、办展机构的品牌影响力、参展商和观众的构成、会展价格和会展服务等方面。

3. 办展机构优劣势分析

评估办展机构在资源、经验、能力等方面的优势和劣势。

（三）会展执行方案分析

1. 会展项目基本框架评估

① 会展名称和会展的展品范围、会展定位之间是否有冲突。

② 办展时间、办展频率是否符合展品范围所在产业的特征。

③ 会展的举办地点是否适合举办该展品范围所在产业的会展。

④ 在会展展品范围所在产业里能否举办如此规模和定位的会展。

⑤ 会展的办展机构在计划的办展时间内能否举办如此规模和定位的会展。

⑥ 办展机构对会展展品范围所在产业是否熟悉。

⑦ 会展定位与会展规模之间是否有冲突。

2. 招展招商和宣传推广计划评估

分析招展计划、招商计划和宣传推广计划的合理性和可行性。

（1）招展计划评估

招展计划的核心目标是吸引足够的参展商，确保展会的规模和质量。评估招展计划时，需要考虑目标市场的明确性；招展策略的合理性；执行方案的可行性；潜在参展商的需求分析。

（2）招商计划评估

招商计划的目标在于吸引足够的专业观众，提升展会的影响力和商业价值。评估招商计划时，需关注观众定位的准确性；推广渠道的多样性；宣传推广的创意性；观众邀请的实际效果。

（3）宣传推广计划评估

宣传推广计划是提升展会知名度和影响力的关键。评估宣传推广计划时，应关注宣传策略的针对性；宣传渠道的整合性；宣传效果的量化评估；品牌形象的塑造。

3. 会展进度计划评估

① 各项工作进程安排是否合理。

② 各阶段工作目标是否明确。

③ 各项工作安排是否配套。

④ 各项工作安排是否具有可行性。

⑤ 各阶段工作安排是否统一。

4．现场管理和相关活动计划评估

① 现场管理计划安排是否周密。

② 现场管理计划安排是否可控。

③ 相关活动有无必要。

④ 相关活动是否可行。

⑤ 现场管理和相关活动是否配套。

（四）会展项目财务分析

1．价格定位

确定会展项目的价格策略是否合理。

2．成本预测

详细列出举办会展项目的各项成本，如展览场地费用、宣传推广费用、招展招商费用、相关活动费用、办公费用和人员费用等。

3．收入预测

预测会展项目的各项收入来源，如展位费收入、门票收入、广告和企业赞助收入等。

4．盈亏平衡分析

分析会展项目的盈亏平衡点。

5．现金流量分析

包括净现值分析、净现值率分析、获利指数分析、内部收益率分析等。

（五）风险预测

1．市场风险

分析市场需求变化、竞争态势变化等可能带来的风险。

2．经营风险

分析经营管理不善、执行方案不当等可能带来的风险。

3．财务风险

分析资金筹措、成本控制等财务方面的风险。

4．合作风险

分析合作伙伴不稳定、合作条款不利等可能带来的风险。

（六）结论与建议

通过以上可行性分析，最后得出结论，找出存在的问题，提出改进建议，明确应该努力的方向等。

三、会展项目立项可行性分析报告的结构与写法

（一）封面

会展项目立项可行性分析报告一般篇幅较长，有必要设置一个封面，力求简单，庄重，封面应包含标题、署名、成文日期。标题应当写明会展项目的全称加上文种，如"第五届大运河文化旅游博览会立项可行性分析报告"。署名与立项策划书一样，署单位名称或个人姓名。

（二）目录

与立项策划书一样，目录有助于阅读者了解会展项目立项可行性分析报告的主要内容，便于查找。一般目录到三级标题即可。

（三）正文

1．项目概况

简明扼要写清楚拟立项会展项目的基本情况，如会展项目的名称、主办单位、承办单位，项目实施的时间、地点等。

2．市场环境分析

根据上述市场环境分析的内容，采用 SWOT 分析法等市场环境分析的方法对拟立项会展项目的宏观环境、微观环境进行分析，判断拟立项会展项目是否具备举办条件。

3．会展项目生命力分析

根据上述会展项目生命力分析的内容，从拟立项会展项目本身出发，分析该项目是否有发展前途。分析会展项目的生命力，不是只分析其举办一届或两届的生命力，而是要分析该其长期生命力，即要分析如果该项目举办五届以上是否还有发展前途。

4．会展执行方案分析

根据上述会展执行方案分析的内容，从拟立项会展项目基本框架到现场管理和相关活动计划，逐项分析该会展项目准备实施的各种执行方案是否完备、是否合理和是否可行，特别需要注意的是不能单看其中某个部分的合理性和可行性，还需要从整体上看，各部分之间是否配套、协调，是否能保证该会展项目目标的实现。

5．会展项目财务分析

根据上述会展项目财务分析的内容，分析测算举办该会展项目的费用支出和收益，分析拟立项会展项目是否经济可行，并为即将举办的会展制定资金使用规划。成本与收益测算关系着会展企业是否能够盈利，因此财务分析是会展项目可行性分析的重要内容。

6．风险预测

根据上述风险预测的内容，逐项分析拟立项会展项目存在的风险。

7．结论与建议

根据以上分析和论证，得出结论，可围绕存在的问题、改进的建议和努力的方向三方面来写。

（四）附件

可行性分析报告的附件一般是指在报告中不可缺少的重要内容且叙述文字篇幅较长，应该单独成文的材料。附件也是报告的重要组成部分，是对报告中涉及的某些需要详细说明的内容做重要补充，相关论证材料、图表等附件，需写明附件的序号和名称。

四、会展项目立项可行性分析报告写作注意事项

（一）材料真实充分

确保报告中使用的数据和信息来源可靠，真实反映会展项目的实际情况。

（二）分析客观科学

采用科学的方法和工具进行分析，确保分析结果的客观性和准确性。

（三）判断准确有理

基于充分的分析和论证，得出准确的结论和判断，为决策提供有力支持。

📁 范文示例

2016 上海第一届国际金属切削机床展

可行性分析报告

范文示例

📍 拓展阅读

会展项目立项可行性分析报告写作的常见问题

会展项目立项可行性分析报告是进行会展项目决策的重要依据，其写作质量直接关系到项目能否获得立项批准。但是，在实际写作过程中，有时会出现一些问题，导致决策者判断失误，从而将项目引向歧途。这些问题主要在于：

一、研究方法不科学

有些可行性分析报告在研究方法上存在不科学、不合理的问题。例如没有考虑到实际情况，没有进行充分的市场调研等等。同时，缺少对研究方法、技术路线及相关数据选择依据的说明，使得审阅者无法客观地理解和评价整个项目。

二、数据来源不可靠

数据是可行性分析报告的核心。但在实际编写时，写作者有时会忽视数据的重要性，不做充分的调查，依赖过时的或不充分的数据。由于缺乏对最新市场趋势和行业动向的了解，某些数据可能已经发生了显著变化，但报告中却依然停留在以往的状况，导致分析结果失真。

三、分析内容不全面

有些可行性分析报告在分析过程中存在不准确、不全面的问题。例如没有考虑到项目的长期收益，没有考虑到社会效益等。同时，由于论述不够详细，也会出现研究的深度和论据的充分性不足的情况。

四、潜在风险不清晰

一些可行性分析报告为了使项目顺利通过立项，故意"美化"报告内容。报告内容往往只侧重于分析市场前景和未来回报，无视潜在的风险，或者对风险分析轻描淡写、含糊其辞，有意降低风险指数等。如此会导致审阅者的决策没有建立在完整或真实的信息基础上，容易决策失真。

上述问题的存在不仅会影响整个项目的顺利实施，还会给会展企业带来一定的风险和损失。因此，在实际写作中，需要避免以上问题的产生，确保可行性分析报告的质量和有效性。

实训任务

新一届大运河文化旅游博览会将于明年9月份举办。在本章第三节同学们已完成新一届大运河文化旅游博览会立项策划书的写作，请在此基础上进一步调研，全面分析新一届大运河文化旅游博览会的可行性，撰写可行性分析报告，为决策提供科学依据。

评价标准

会展项目可行性分析报告综合评价表

序号	评价要点	分值	自评评分（20%）	互评评分（30%）	教师评分（50%）	综合评分
1	结构清晰完整	10				
2	语言表达准确	10				
3	市场环境分析深入	10				
4	项目生命力分析透彻	10				
5	执行方案分析全面	20				
6	财务分析具体	10				
7	风险预测合理	10				
8	结论建议明确	10				
9	逻辑性强	5				
10	整体印象佳	5				
	合计	100				

第三章

会展组织筹备阶段文案

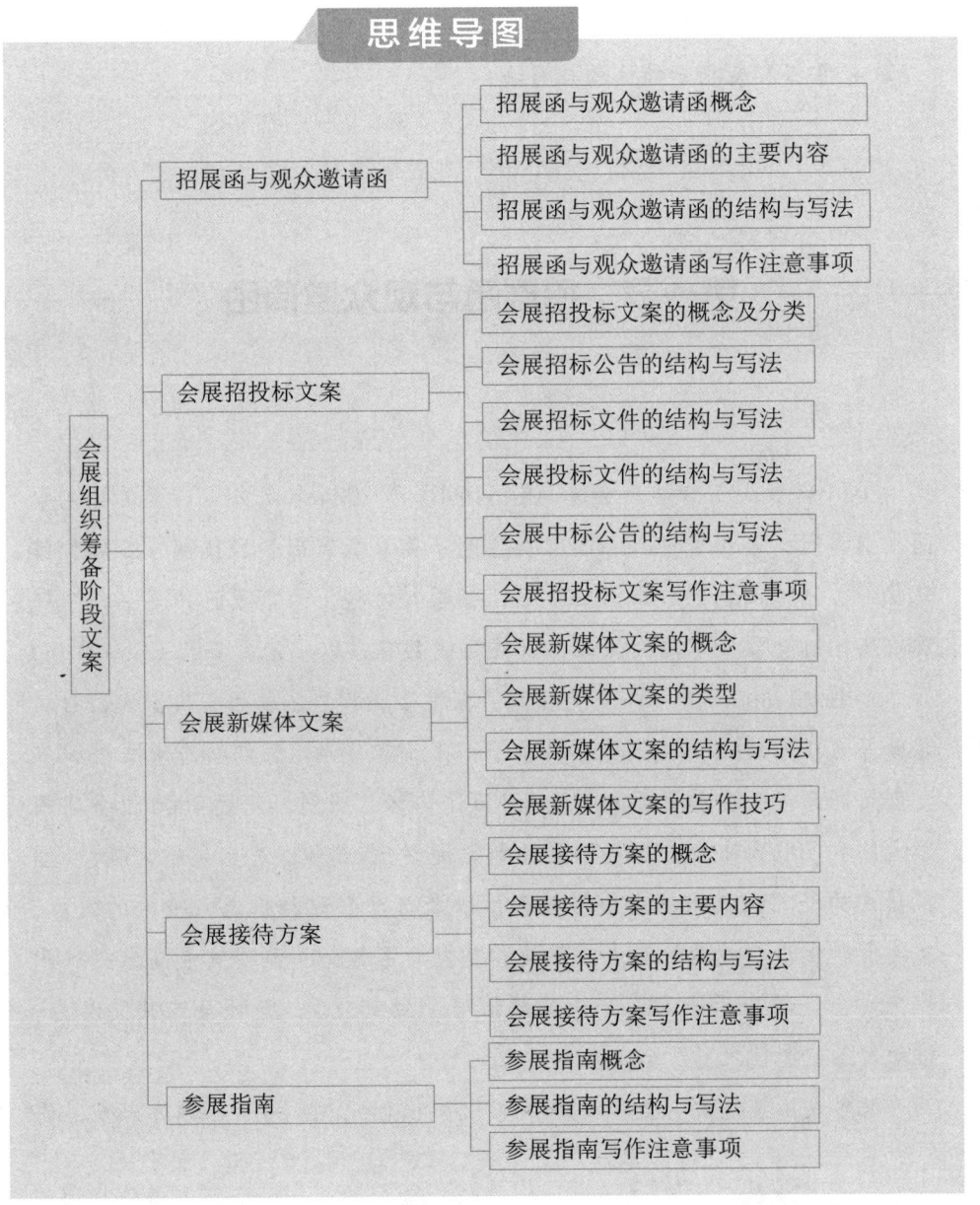

🎯 学习目标

- 了解会展组织筹备阶段文案的类别，熟悉各类文案的概念
- 掌握招展函与观众邀请函的主要内容、结构和写法
- 了解会展招投标文案的分类，掌握会展招投标文案的结构与写法
- 了解会展新媒体文案的类型，掌握会展新媒体文案的结构、写法与写作技巧
- 掌握会展接待方案的主要内容、结构与写法
- 掌握参展指南的结构与写法

第一节　招展函与观众邀请函

🚩 任务场景

2024世界人工智能大会（WAIC 2024）于2024年7月4日至7日在中国上海举行，是由外交部、国家发展改革委、教育部、科技部、工业和信息化部、国家网信办、中国科学院、中国科协和上海市政府共同主办的一次重要国际会议。本届大会以"以共商促共享，以善治促善智（Governing AI for Good and for All）"为主题，聚焦了大模型、算力、机器人、自动驾驶等人工智能的关键领域，展示了"人工智能+"的创新应用成果和首发创新产品。大会展览面积超过5.2万平方米，吸引了超过1000位全球领军人物和500余家企业参展，展品数量超过1500项，亮点包括25款人形机器人的亮相、最新的大模型技术，以及自动驾驶和机器人技术的发展，本次大会参展企业数、亮点展品数和首发新品数均达到历史最高水平。此外，大会还发布了《人工智能全球治理上海宣言》，呼吁全球共同努力，推动人工智能技术惠及全人类。

世界人工智能大会是一次重要的国际性盛会，自2018年创办以来，已

成功举办了七届，世界人工智能大会已成为全球人工智能领域最具影响力的行业盛会之一，不仅展示了人工智能技术的最新成果和应用，还推动了全球范围内的技术交流和合作。随着人工智能技术的不断发展，未来世界人工智能大会将继续发挥重要作用，引领人工智能技术的创新和发展，因此，招展和观众邀请仍将是未来大会必不可少的一项工作。

一、招展函与观众邀请函概念

（一）招展函概念

招展函是办展机构向潜在参展商发出的正式邀请函件，旨在向参展商介绍展会的基本情况、参展条件、优惠政策等信息，并邀请参展商参加展会。招展函是会展项目进行营销时的核心资料之一，也是目标参展商最初了解会展项目情况的主要信息来源，对于吸引参展商、提高会展项目知名度和专业度具有重要作用。

（二）观众邀请函概念

观众邀请函是会展活动组织方为了吸引潜在参观者参加会展活动而发出的一种正式书面邀请。它不仅是传递会展活动信息的有效工具，也是与潜在客户建立联系的重要方式之一，是提高会展活动知名度和吸引力的重要手段之一。

此外，还有一种专项邀请函，专门用于邀请有关人士参加会展活动中某一环节，如开幕式、研讨会、主旨演讲、参观访问、洽谈交流等，写法也是大致相同，但内容不必面面俱到，只需简明表达邀请事宜和告知必要的信息即可。

二、招展函与观众邀请函的主要内容

（一）招展函的主要内容

1. 展会基本内容

包括展会名称、时间、地点、办展机构、办展动因和办展目标、展会特色、展品范围、展位价格等。

2．市场状况介绍

主要包括行业状况和地区的市场状况等。

3．展会招商及宣传推广计划

主要包括展会招商计划、宣传推广计划、相关活动计划、展会服务项目等。

4．参展办法

主要包括如何办理参展手续、付款方式、参展申请表和办展机构的联系办法等。

5．相关图片

如展馆图、展馆周边地区交通图、往届展会现场图片等。

（二）观众邀请函的主要内容

1．展会（或会议等）基本内容

包括展会名称、时间、地点、办展机构、展会主题等。

2．展会（或会议等）特色

包括展区及主要展品，新产品、新技术展示，一般还会将一些行业知名企业的参展情况进行重点介绍。

3．展会（或会议等）期间计划举办的相关活动

列举展会（或会议等）期间举办的相关活动的时间、地点和主题，增强吸引力。

4．报名方式和截止日期

写明如何报名，如在线注册、发送回执等，告知截止日期，还需写明是否需要支付费用等观众关心的问题，留下办展机构的联系方式以便观众咨询。

三、招展函与观众邀请函的结构与写法

（一）招展函的结构和写法

1．封面

一般招展函封面会根据需要出现本次会展活动的名称、主题、办展机构、时间、地点等核心内容。

2．标题

标题由会展活动名称和"招展函"或"参展邀请函"组成，如用"2024世界人工智能大会招展函"。"参展邀请函"是固定的文种名称，不能省去"参展"两字，也不能写成"关于邀请参加××展会的函"，否则容易产生歧义，因为"邀请函"可以用于招展，也可以用于招商，还可以用于招客。

3．称谓

根据招展函发送对象和渠道的不同，称谓主要有以下三种形式。

（1）发送给单位，需写明单位名称，而且为表尊重起见，单位名称需完整、规范，一般不宜用泛称、简称。

（2）发送给具体个人，需写明对方姓名（同样需要用全称），并且前面冠以"尊敬的"之类敬语套词，后面缀以职务或"先生"、"女士"等称谓。

（3）通过网络或其他大众媒体公开刊布，由于对象无明确指向，这时可以省略称呼，或者以"各有关单位"等统称泛指。

4．正文

开头一般先用一段文字简要介绍展会的名称、组织机构等基本情况，然后用"诚邀贵单位（或公司、您）参展"点出主题，再用"现将有关事项告知如下"作为过渡，引出主体部分，主体部分逐项写清楚展会的办展目标、展会特色及亮点、展品范围、展会价格、市场状况介绍、展会招商及宣传推广计划、参展办法等具体内容。结尾可再次表示诚恳邀请，也可不写，写完主要内容直接结束。

5．落款

一般写主办单位或组委会的名称，有的招展函也可由组委会负责人亲自署名，以示诚意。另外，还需要注意，此处通常需要加盖相关的印章，以示正式，如果是多家机构联合主办或承办，则需这些机构联名签章。落款处还需写上发布时间。

6．附件

招展函附件通常是作为上述主要内容的补充，一般会有展馆布局图、参展申请表（或回执单）、展会相关管理规定、合同等。

其中参展申请表应包括展位名称、楣板名称、联系方式、展位价格、展位个数、参展人数等内容。可采用表格式或表格加条款式，力求简洁明了。

（二）观众邀请函的结构和写法

1．标题

观众邀请函的标题有两种写法：一种由会展活动名称和"邀请函"组成，另一种直接写"邀请函"。

2．称谓

与招展函一样，根据发送对象和渠道的不同，采用恰当的称呼。

3．正文

开头：简短介绍展会（或会议等）背景与目的，表达诚挚邀请。

主体：逐项介绍展会内容、特色、相关活动以及报名方式和截止日期等。

结尾：再次发出诚挚邀请，鼓励受邀者积极回复并参加。

4．落款

与招展函一样，一般写主办单位或组委会的名称，加盖公章，也可由组委会负责人亲自署名。落款处还需写上具体日期。

5．附件

如预登记回执表、交通地图、参展企业名录等。

回执表应包括参观申请的联系办法和联系人等，方便观众预先登记。

四、招展函与观众邀请函写作注意事项

招展函和观众邀请函本质上都是邀请函，只是面对的对象不同，在写作上都需要注意以下几方面。

微课
招展函与观众邀请函写作注意事项

（1）内容全面准确：确保所有信息准确无误，避免误导参展商或观众。

（2）语言礼貌得体：使用礼貌、专业的语言，表达对参展商和观众的尊重与期待。

（3）条理清晰：结构安排合理，条理清晰，便于参展商和观众快速获取信息。

（4）具有吸引力：通过精彩的语言描述和展会亮点展示，吸引参展商和观众的兴趣。

（5）注重设计：招展函和观众邀请函外观设计应美观大方，注意排版、字体、图片等细节处理，符合展会定位与档次，提升整体形象。

（6）及时反馈：提供便捷的联系方式，确保参展商、观众能够及时咨询和反馈问题。

（7）随着信息化、数字化的深入推进，招展函和观众邀请函的传播渠道、表现形式等都在不断发生变化，写法也要随之变化，电子版招展函和观众邀请函更注重视觉效果，更强调版式设计，讲究图文并茂，因此更需要行文思路清晰，突出重点，但万变不离其宗，邀请函内容的构成并没有发生实质性的变化。

范文示例

第二十届文博会（深圳）招展函

范文示例

📍 拓展阅读

专业观众邀请函与普通观众邀请函的区别

会展活动的观众可分为专业观众与普通观众，其特点与需求有所差异，因而其邀请函的内容也有所差别。

第一，在针对性上。专业观众邀请函的针对性更强，通常会强调会展活动对专业观众的价值，如行业交流、市场探索、商业合作等。普通观众邀请函则注重吸引广泛的受众，更偏向于介绍会展活动的趣味性和参与价值。

第二，在专业度上。专业观众邀请函的写作内容更为专业，可能会包含行业分析、技术讨论、专业讲座等信息。而普通观众邀请函的写作内容更加通俗易懂，偏重于介绍会展活动的趣味性、互动性和体验性。

第三，在权益上。专业观众邀请函可能会提供一些专业观众的特权，如优先入场、与特邀嘉宾交流、参加专业会议等。普通观众邀请函则可能更多偏向于提供价格优惠、现场抽奖等吸引普通观众的内容。

第四，在后续行动上。专业观众邀请函可能需要收信人提供更详细的个人信息和议题材料，以便进行专业认证和安排后续的行业交流。普通观众邀请函一般不要求观众提供个人信息，或者只需要进行简单注册，以便快速参与会展活动。

综上所述，在撰写观众邀请函时，应根据目标受众的不同特征和具体需求，适当调整写作内容和风格，以确保邀请函的有效性和吸引力。

📐 实训任务

新一届世界人工智能大会将于明年7月份举办，现已进入招展招商阶段，拟向全球范围内的人工智能相关企业、科研机构及创新团队发出参展邀请，请撰写一份招展函；同时还需撰写一份观众邀请函，邀请专业观众、行业专家、学者及政府代表等参会，共同探讨人工智能技术的最新进展和未来趋势。

评价标准

招展函、观众邀请函综合评价表

序号	评价要点	分值	自评评分（20%）	互评评分（30%）	教师评分（50%）	综合评分
1	格式正确规范	10				
2	语言礼貌得体	10				
3	结构安排合理	10				
4	内容全面准确	30				
5	特色亮点突出	20				
6	设计美观大方	10				
7	整体印象佳	10				
	合计	100				

第二节 会展招投标文案

任务场景

第二十届中国（深圳）国际文化产业博览交易会（以下简称"文博会"）计划于2024年5月23日至27日（周四至周一）在深圳国际会展中心（宝安）举办。文博会由中共中央宣传部（国家新闻出版署、国家版权局、国家电影局）、文化和旅游部、商务部、国家广播电视总局、中国国际贸易促进委员会、广东省人民政府、深圳市人民政府主办，中共深圳市委宣传部、深圳市文化广电旅游体育局、深圳报业集团、深圳广播电影电视集团、深圳出版集团有限公司、深圳国际文化产业博览交易会有限公司承办。为进一步强化深圳文化产业整体宣传推广，本届展会将统一规划深圳展区，集中展示深圳文化产业发展特别是数字创意产业发展成果。受文博会组委会办公室委托，龙岗区文化广电旅游体育局作为深圳展区的承办单位，需就"第二十届文博会主会场深圳展区搭建"项目进行公开招标。

一、会展招投标文案的概念及分类

（一）会展招投标文案概念

会展招投标文案是会展项目中应用的招投标文件的总称，包括会展招标公告、招标邀请书、招标文件、投标文件、中标公告等。

会展招投标文案能够明确会展项目需求，促进参与各方的公平合理，提高项目工作效率，确保会展活动的有效进行。会展项目中的参与各方能够在招投标文案的指引下规范相关活动，避免因信息传递错误而产生问题。

（二）会展招投标文案分类

1. 会展招标公告

会展招标公告是指招标人在会展项目公开招标活动中，为了邀请不特定的法人或其他组织投标，而公开发布的文书。招标公告应向潜在投标人清晰地表达项目需求信息和招标投标活动的相应规则。

2. 会展招标文件

会展招标文件是招标人向投标人发出的招标书面材料的总称，其中包含投标邀请书、投标人须知、招标需求及要求、合同条款、投标文件格式说明等。

3. 会展投标文件

会展投标文件，是投标人根据招标文件中的要求和格式制作的，以参加投标的各种书面材料。

4. 会展中标公告

中标公告是指招标人在确定中标人后，通过公开渠道发布中标结果的公告。

二、会展招标公告的结构与写法

（一）标题

招标公告的标题一般为招标单位名称＋招标项目名称＋文种。例如：烟台市农业农村局2024年烟台食品产业博览会项目公开招标公告。

一般情况下，招标单位名称也可省略，例如，2024年服贸会甘肃省展馆搭建项目招标公告、2025年第十五届中国国际道路交通安全产品博览会招展招商服务项目招标公告。

（二）正文

正文主要以分项的形式逐条进行写作，一般包括下列内容。

1．项目基本情况

基本情况主要说明项目名称、项目地点、项目规模和招标范围等。信息表述应清晰准确，以便让投标人对项目有全面的了解。

2．投标人资格要求

投标人资格要求即投标人需具备的相应资质。一般包括合法性资质和合规性资质。合法性资质，是指投标人须满足的由法律法规所规定的要求，如符合《中华人民共和国采购法》《中华人民共和国招标投标法》等规定，具备法人资格、正常开展税务登记等。合规性资质，即投标人应具备的相关技术能力和资质，如企业规模证明、技术资格证书、业绩成果、诚信记录等。除此以外，还可针对招标项目设置特殊资格要求。

3．招标文件的获取

招标文件须写明招标文件的获取时间、获取地点、获取方式、售价等。

4．投标文件的提交

投标文件须写明投标文件提交的截止时间、提交地点、提交方式等。

5．开标时间及地点

开标时间与地点不仅关系到投标的顺利进行，还直接影响投标文件的评估和选择。因此，开标时间与地点应当与投标文件提交的截止时间与地点相同，以确保公平和透明。

6．公告期限

招标公告的公告期限一般为5个工作日内。

7．其他公告事宜

在招标中，还需对相关情况进行补充说明和特别提示，如项目资金来源等，应当在其他公告事宜中写明，以确保投标人能够全面了解有关招标的重要信息。

8．联系方式

应写明招标人信息、招标代理机构信息、项目联系人信息，如单位名称、地址、联系人、联系电话、电子邮箱等。

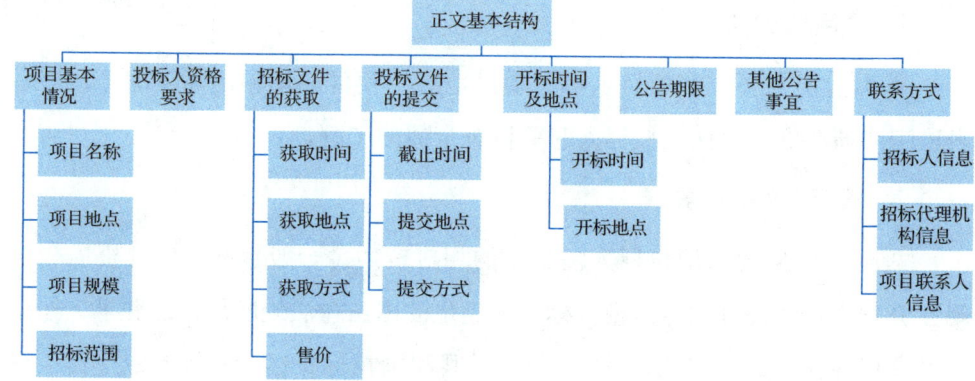

会展招标公告正文基本结构

三、会展招标文件的结构与写法

（一）封面

会展招标文件包含一系列材料，其封面起到保护文件、展示形象的作用。封面上应标注项目编号、标题、项目名称、招标单位名称、代理机构名称、编制日期等。此外，封面上还应加盖单位公章。

（二）目录

目录中的标题应不超过三级，同时要确保信息易于被浏览。

（三）主体

招标文件的主体部分包括投标邀请书、投标人须知、合同条款等多个材料。

在会展项目公开招标的情形下，投标邀请书可与招标公告内容相同。如为邀请招标，即招标人向特定的法人或其他组织发出投标邀请时，可在标题下添加称谓，写明受邀单位的名称。

投标人须知，是招标文件中针对投标人投标所制定的有关注意事项和相关规定。投标人须知的内容主要包括投标资格要求、投标保证金、投标文件编制要求、投标文件提交方式、评标标准和方式等。投标人需要认真阅读须知，以确保投标行为符合招标要求，从而进行有效投标。

合同条款，即中标后双方签订的合同样本，应写明双方权利与义务的主要内容，如履约内容、工期、付款方式等。

四、会展投标文件的结构与写法

会展投标文件的结构主要包括封面、目录和主体部分。如有必要，还可添加附件。如招标人有提供格式的，投标文件需按格式进行编制，未提供格式的由投标人自拟。

（一）封面

封面上应标注项目名称、投标人信息、编制日期。

（二）目录

目录中的标题应不超过三级，同时要确保信息易于被浏览。

（三）主体

主体部分一般包括下列内容。

1. 投标函

投标函中，首先应表达参与投标的意愿，其次写明同意招标文件相关条款的承诺，最后列明投标人相关信息及日期。投标函也可视作商务文件的组成部分。

2. 商务文件

商务文件主要包括法人代表授权、投标报价单等。

3．资信文件

资信文件主要包含投标人的营业执照、法人印鉴、税务登记证明、资质证书等。

4．技术文件

技术文件可写明技术方案、技术性能、人员配置等。

五、会展中标公告的结构与写法

中标公告的内容通常包括项目名称、中标人信息、标的信息、评审专家名单、公告期限、招标人信息、代理机构信息等。其中，中标人信息应包含中标单位名称、中标单位地址、联系方式。同时，公告中还应当说明，如有质疑或异议，应在具体期限内通过何种途径向谁反映。

六、会展招投标文案写作注意事项

（一）文案合法合规

在撰写招投标文案时，首先应当严格遵守《招标投标法》等相关法律法规，确保文案内容合法合规。同时，还应当注意写作内容要符合本单位特定的相关规章制度要求。

（二）要素全面完整

招投标文案是招投标工作的重要指引，因此文案要在符合相关规定的情况下，全面地展示各类要素，保证信息的完整度，以便招投标双方能够充分了解对方条件及要求。

（三）结构合理清晰

招投标工作专业性较强，文案涉及内容较多。因此，在写作中，其文案结构应当根据使用目的，合理地构建行文框架，确保结构清晰明了，便于招投标方快速理解文案内容。措辞也要注意简明扼要，重点突出，不得冗长。

（四）内容真实准确

招投标文案中的条件设置应当全面考虑项目实际需求和客观因素，遵循公平公正原则，使潜在投标人都能够平等地参与竞标。相关内容应真实有效，准确客观地反映自身情况，不得故意夸大事实，提供虚假信息。如招投标文案在发出后，发现问题，应予以及时更正。

Y市农业农村局2024年绿色食品
产业博览会项目招投标文件

拓展阅读

招标公告发布的几种误区

1. 公告发布方式不当

实践中，某些单位和个人非法限制招标公告的发布地点和发布范围，如招标公告不在指定的公开媒体上发布，以致公告的知晓率太低，招标信息处于事实上的封锁状态，仅有少数投标人前来响应。

2. 公告发布事项不明

一些招标公告的信息内容过于简单或者含混不清，不能详细列明招标内容、投标人资格条件、截止时间等重要事项，有违公开透明的原则，致使投标人产生误解，投标失败。

3. 公告发布时效不够

某些单位在发布招标公告时，给予的公告时间不够，导致公告发布的时效性差，招投标工作严重迟滞。此外，有的公告将法定的节假日时间也计算进去，没有足够的时间让供应商响应，导致仓促投标，或干脆放弃。

4. 公告信息更新不足

某些招标公告发布后，因工作需要或事项内容变化，需要对前期招标信息进行修订。由于工作疏忽，一些单位只重视采购前期的信息发布，而忽视了对采购期间采购事项澄清或变更的公告，致使供应商无法及时准确地知道采购事项变更的内容，直接影响其对采购文件的响应。

实训任务

新一届文博会成功立项，之后将在深圳国际会展中心召开。你所在的城市拟组织20家企业参加。为了在此次盛会上充分展示城市文旅产品，宣传城市文旅品牌，市文化和旅游局对博览会城市展区的展台设计搭建项目进行公开招标，请为此拟订一份招标公告。

评价标准

招标公告撰写与发布综合评价表

序号	评价要点	分值	自评评分（20%）	互评评分（30%）	教师评分（50%）	综合评分
1	标题规范明确	10				
2	项目概述全面	10				
3	结构层次合理	10				
4	要素信息完整	10				
5	内容清晰准确	10				
6	语言表达规范	10				
7	资格要求适当	10				
8	选用媒介合理	10				
9	发布时效恰当	10				
10	文案合法合规	10				
	合计	100				

第三节　会展新媒体文案

任务场景

2024年10月15日至17日，第16届中山国际游戏游艺博览交易会（简称2024中山游博会）将在广东中山博览中心及广东游戏游艺文化产业城盛大举行。此次盛会规划展览面积达到 60 000 平方米，预计将汇聚近 500 家来自游乐设备、景区装备和文旅科技等领域的先锋品牌，吸引约 60 000 名游乐文旅行业的精英参与。为了更好地进行宣传推广，提升中山游博会的知名度，增强其在行业内的热度，组委会将利用官方微信公众号、视频号、官网、抖音、快手、小红书、微博、头条、哔哩哔哩等多个新媒体平台，打造新媒体文案，及时发布展会的最新动态、展商推介和行业资讯，开展多渠道的新媒体宣传。

一、会展新媒体文案的概念

会展宣传推广是树立会展活动形象、提升热度的重要环节。为了达成宣传目标，取得良好的推广效果，需要创作宣传推广文案。伴随着互联网的不断发展，各类新媒体平台应运而生，各种新媒体工具层出不穷，新媒体已经成为当下人们获取信息、表达观点的重要途径。因此，新媒体时代的开启，使得越来越多的企业将新媒体的宣传营销放在极其重要的位置。借助新媒体的力量，新媒体文案得以广泛传播，企业能够更快地获取流量关注，产生更好的推广效果和经济效益。

会展新媒体文案是会展行业专门用在各类新媒体平台（如社交媒体、微信公众号、官网、短视频平台等）上进行宣传和推广的内容文本，贯穿在会展活动前期、中期和后期各个阶段。它能够有效吸引目标受众，提升会展活动知名度，促进会展品牌形象建设。会展新媒体文案的创作不局限于文字，还可包含图片、视频、超链接等多种元素，以契合新时代受众需求，适应新媒体的传播特点。

相较于传统文案，新媒体文案具有以下优势。

（1）时效性更强。传统文案往往投放于传统媒体渠道，从策划到投放需要经过多重线下环节，发布周期比较长。而新媒体文案创意生成路径迅捷简化。它借助于线上平台，传播速度更快，能够更好地满足用户即时获取信息的需求。同时，受众也可以通过网络，进行文案转发，更能在短时期内吸引大量用户的注意，从而实现借势传播与扩散。

（2）发布成本更低。传统媒体广告在人力、物力、运营上的投入较大，成本高昂。新媒体文案的发布成本比较低，而且在推广优化上具有更大的优势。

（3）传播渠道更多元。新媒体文案生成后，可以通过不同渠道进行传播，如微信服务号、微信公众号、微博、电商详情页、短视频平台、手机 APP 等。

（4）表现形式更丰富。传统文案一般只有文字或图片形式，而新媒体文案则可以通过视频、语音、动图、H5 等多种元素进行打造，呈现多元化的特点。

（5）互动性更高。传统文案是单向的信息输出，与受众的交互性不高。而通过新媒体文案，企业和受众可以通过线上社交平台，及时进行互动交流，从而使企业能够更好地协调用户诉求，最大程度地实现品牌传播的目的。

（6）定位更精准。新媒体平台可以记录用户的阅读数据。因此，新媒体文案可以根据平台数据对受众进行精确的定位，根据受众需求针对性地拟订文案内容，开展更精准的推送。

二、会展新媒体文案的类型

会展新媒体文案形式多样，有多种分类方法。

（一）按目的分类

根据写作目的，会展新媒体文案可分为销售文案和推广文案。销售文案是指能够带来即刻销量转化的文案，如电商产品详情页文案、展品促销文案等。推广文案是指不追求即时性的销量，重在推广会展活动品牌，塑造企业形象，扩大会展影响力的文案，如展会情怀营销文案等。

（二）按篇幅分类

根据篇幅长短，会展新媒体文案可分为长文案和短文案。长文案一般为字数在 500 字以上的文案，如微信公众号里的展会推广文案等。长文案重在详细铺叙产品信息，或者构建较大的体验场景。短文案一般为字数少于 500 字的文案，多用在海报图、微信朋友圈或微博中。它更强调快速表达核心信息，激发受众交流需求。不同规模的会展活动以及活动的各类环节中，都可以根据实际需要确定文案写作篇幅。

（三）按广告植入方式分类

根据广告植入方式，会展新媒体文案可分为硬广文案和软文。硬广文案是指清楚明白地直接进行推广营销的文案，开门见山式地使受众明确了解该文案为广告性质。软文则不直接介绍，而是通过知识分享、故事叙述等"曲折"的方式对广告内容进行巧妙植入，潜移默化地影响受众，从而达到"润物细无声"的效果。

（四）按投放渠道分类

根据投放渠道，会展新媒体文案可分为微信文案、微博文案、APP文案等。不同平台的表现形式有所区别。如微信公众号文案一般篇幅较长，文字、图片、视频、音频等元素经常组合使用。又如微博文案的表现形式不会太多元，通常以某一元素为主，图片和视频一般不同时出现。再如抖音短视频文案主要为视频、音乐相结合的形式。通过上述渠道，文案可根据需要在不同平台投放，或者同时在多个平台投放，以达到广泛推广的效果。

会展新媒体文案分类表

分类方法	类型	特点
按目的分类	1. 销售文案	能带来即刻销量转化
	2. 推广文案	重在宣传推广
按篇幅分类	1. 长文案	500 字以上
	2. 短文案	500 字以下
按广告植入方式分类	1. 硬广	直接进行推广营销
	2. 软文	巧妙植入，"曲折"地推广
按投放渠道分类	1. 微信文案	使用微信平台，如朋友圈、公众号
	2. 微博文案	使用微博平台
	3. APP 文案	使用 APP 平台
	……	……

三、会展新媒体文案的结构与写法

会展新媒体文案一般由标题和正文组成。

会展新媒体文案的写作方法

（一）标题

在会展新媒体文案中,标题具有举足轻重的作用。作为新媒体时代的受众,在面对大量推送信息时,通常会因为标题而对文案产生第一印象,从而判断是否继续点击阅读文案。因此,标题是受众筛选文案的重要标准,其写作质量直接影响文案的传播。文案人员必须精心设计,让标题具有吸引力。

标题的写作方法主要有以下几种。

1. 直陈式标题

直陈式标题就是直接点明展会宣传意图,开门见山地向受众宣告某个事项,以展示相关主题。如"第八届中国—亚欧博览会等你来探馆"。

2. 福利式标题

趋利是人的天性,福利性标题就是直接告知受众会获得什么利益或好处,如折扣促销、展销福利等,以此吸引受众点击。如"5人即可成团！激光展组团福利大放送"。

3. 警告式标题

对于部分受众来说,他们会对自己某些担忧的事项非常重视。警告式标题就是利用这种心理,通过严肃庄重的态度来吸引受众的关注。这种标题能够制造一定的紧迫感和危机感,从而让受众对文案内容产生认同。如"错过'2023第二十六届中国烘焙展览会'你将后悔一年！"写作警告式标题时可以适度夸张,但不能歪曲事实。

4. 提问式标题

提问式标题是对受众进行提问,引发思考,制造悬念,使受众加深印象,产生一探究竟的欲望。提问式标题可以是疑问、反问,也可以是设问。如"第八届中国—亚欧博览会的展馆妙在哪？"

5. 对比式标题

对比式标题就是通过对比手法来衬托宣传内容，从而加深受众对产品的认识。如"对比首届，第二届中国—非洲经贸博览会呈现哪'四新'？"

6. 证明式标题

证明式标题就是通过经验性的表达来阐释产品，加强受众的认可度。证明式标题的语言自然通俗，可以用自身经验来进行证明，也可以引述他人经验。如"美国市长的进博之旅：'参访进博会，让我感到世界比过去小得多'"。

7. 盘点式标题

在新媒体时代，人们更在意信息传播的效率和实用性。盘点式标题通过对相关问题或产品的归纳、总结，分享"干货"和经验，来吸引受众的关注。如"第二届进博会：规模更大、质量更高、活动更丰富"。

（二）正文

新媒体文案类型多样，样式丰富，因此在新媒体文案的布局过程中，要掌握文案正文的结构组织方法，使文案脉络清晰、行文自然。

总分式结构在会展新媒体文案中比较常见。其中，"总"是指文案的总述，起到点明主题的作用；"分"指的是分层叙述，一一说明，逐层深入。

倒金字塔结构则来自于新闻的"倒三角"写法。这种结构比较适合营销软文的写作，先以简练的语言对核心信息进行概要性的描述，阐释全文的主要内容。然后再逐步对相关内容展开描述，交代过程和相关细节等。倒金字塔结构把最重要的信息和最有价值的内容放在文案的开头，越往后的段落重要性越小。

并列结构由相互独立、完整的各个部分组成，彼此之间的关系是并行的，没有主次和顺序之别。不同部分之间调换位置，对文案表达没有影响。

递进式结构中，各个组成部分之间存在严密的逻辑关系，一般情况下，材料与材料间环环相扣、逐层推进，呈现纵深发展的特点。这种结构中的各部分内容不可以随意调换次序。

四、会展新媒体文案的写作技巧

会展新媒体文案的写作，一般可遵循下列步骤进行。第一步，明确文案目标，确定文案主题。第二步，收集文案材料，输出文案创意。第三步，罗列文案提纲，组织文案内容。第四步，设计文案版式，发布文案成果。在创作过程中，可结合实际，运用多种技巧，提高文案质量。

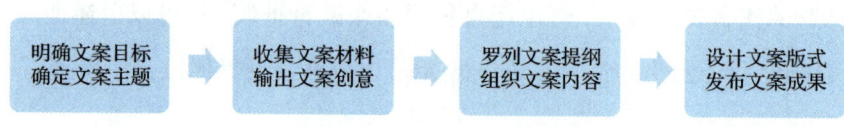

会展新媒体文案写作流程

（一）文案创意角度

好的创意能够为文案增光添彩，在海量的新媒体文案中脱颖而出。以下方法可增强文案的创意性，以吸引受众注意。

1．制造悬念

每个人都有好奇心，因此，通过悬念，可以引起受众的好奇心理，增强文案的吸引力。制造悬念一般有以下几种方法。

（1）设疑：在文案开头先设置疑团，以引起人们的好奇，然后随着文案的深入再抽丝剥茧、逐步展开，解释疑问。

（2）倒叙：先将受众最感兴趣、最想关注的结果内容先陈述出来，然后再叙述前因。

（3）隔断：在叙述头绪较多的事情时，先以一件事吸引受众，然后中断叙述，改述另一件事。而受众会因此种隔断，对前事念念不忘，从而造就悬念。

2．制造反差

通过对比、反转，展现信息间的矛盾和冲突，实现文案内容和受众心理的反差效果。

3．打造故事

故事或情景化的表达，能够极大地吸引受众的关注。精彩的故事情节会让读者有身临其境的感受，并产生潜移默化的效果。在讲述故事时，情节要引人入胜，叙事要清晰生动，推广要自然和谐。

4. 直击痛点

洞察市场情况，了解用户偏好，能够有效地针对受众需求，找到受众的兴趣点，提供恰当的信息。

5. 构建场景

文案写作可以为会展活动设想一个使用场景，或组成一系列活动画面。通过场景构建，能够使受众迅速联系真实情境，产生强烈的代入感，进而增强受众对文案的认同感，提高产品销售或推广度。

6. 创造话题

话题能够有效拉近与受众之间的距离，增加互动交流，从而提高文案的传播效果。话题的制造可以通过设置竞猜活动、问题讨论、需求调查等方式完成。

7. 包装价值

文案可以通过对会展产品价值的详细叙述，增强用户对会展活动价值的信心。在价值包装的过程中，可以借助经验分享、知识普及、名人效应等途径进行。

（二）标题写作技巧

1. 善用数字

数字所传递的信息非常精练，会给受众带来很大的视觉冲击力。有效利用数字，会让读者一目了然，进而产生阅读的兴趣。

2. 巧妙借势

标题中的借势，是指借取外界事项的传播热度，来获得流量，吸引受众的眼球。所借的势，既可以是名人的名气，也可以是热点事件的热度。

3. 活用符号

特定的符号能够给受众带来强烈的感官刺激，从而增强其点击阅读文案的欲望。新媒体文案标题中的符号，可以是标点符号，如感叹号、问号等；也可以是符号化的文字，如网络热词等，以增加标题的话题性和趣味性。

（三）文案审核技巧

会展新媒体文案在创作完毕后，需要认真进行审核，避免出现问题，导致无法在新媒体平台上发布。在审核过程中，须特别注意下列情况。

1. 忌做标题党

标题应该强调吸引力，但不要过分追求吸引受众眼球，成为标题党。一是标题切忌断章取义、危言耸听、使用容易引起受众恐慌误解的词语。二是题文关联，标题和正文内容应当深度契合。三是不要过度修饰，导致内容失真。

2. 忌千篇一律

只有独立个性化的新媒体文案，才有可能产生较好的传播效果。因此，会展新媒体文案要对症下药，精准满足受众的需求和新媒体平台的特性。

3. 忌擦边球

新媒体文案不能盲目追求热度，一定要符合社会时代进步，展现积极健康的内容。不能触碰行业规则禁区，触碰法律法规底线，违反社会道德伦理等。

骑摩托的爱情有点子不一样

范文示例

常用新媒体文案排版工具

新媒体文案，不仅可以从文字表达方面达到营销推广目的，还可以通过增强受众的视觉感受来提高传播效果。色彩、图片、文字等元素的精心布局，能够给予受众强烈的视觉刺激。因此，文案应当通过排版美化来修饰版面，提升受众对文案的整体观感，进而提高文案的可读性。

为了达到更好的排版效果，提高排版效率，可以使用一些新媒体文案排版工具。常见的工具有如下几种。

1. 秀米编辑器

秀米编辑器是一款专用于微信平台公众号的文案编辑工具。这款编辑器可以对微信图文进行排版，也可以进行封面设计，其模板风格多样，素材丰富，包括图片、图标、背景等。秀米编辑器可以直接拖拽编辑，支持一键分享作品到微信、微博、朋友圈等社交平台，方便与他人分享作品。对于新手来说，秀米编辑器简便易用，容易上手。

2. 135编辑器

135编辑器是一款提供微信公众号文章排版和内容编辑的在线工具。其样式丰富，功能多样，支持秒刷、收藏样式和颜色、图片素材编辑、图片水印、一键排版等。它还可以提供文章阅读量、点赞量等的统计，帮助用户分析文章效果。

3. i排版

i排版是一款排版效率高、界面简洁、样式原创设计的微信图文排版工具，支持全文编辑、实时预览、一键样式、一键添加签名等功能。

实训任务

下一届中山国际游戏游艺博览交易会即将举行。展会中将集中展出来自中外数十个游戏开发商设计的游戏产品。此外，展会中还将举办动漫cosplay盛典、电子游戏竞技大赛等活动。为了宣传推广此次游博会，持续打造中山靓丽的文化名片，组委会计划在微信公众号上发布宣传推广文案。请为此创作一份微信公众号文案。

会展新媒体文案创作综合评价表

序号	评价要点	分值	自评评分（20%）	互评评分（30%）	教师评分（50%）	综合评分
1	标题新颖	10				
2	主题鲜明	10				

续表

序号	评价要点	分值	自评评分（20%）	互评评分（30%）	教师评分（50%）	综合评分
3	角度新奇	10				
4	结构完整	10				
5	层次合理	10				
6	语言流畅	10				
7	材料准确	10				
8	篇幅适中	10				
9	版式美观	10				
10	合法合规	10				
	合计	100				

第四节　会展接待方案

任务场景

2024年4月13日至18日，以"共享开放机遇、共创美好生活"为主题的第四届中国国际消费品博览会在海南举办。本届消博会共吸引超48万人次进场观展。来自71个国家和地区的4019个消费精品品牌参展，参展国别数和品牌数较第三届分别提升9%和19%。本届消博会专业采购商超过5.5万人，较第三届增长10%。为了办好此次盛会，消博会组委会需要积极对接参展商和采购商需求，制定合理的接待方案。

一、会展接待方案的概念

会展接待方案，是为了确保会展活动的顺利进行，事先制定的接待来宾及提供服务的工作方案，是会展活动策划中的重要组成部分。完善的会展接待方案可以为接待服务工作提供指引，不仅能有效协调资源，而且能提高工作效率，确保各个环节有序衔接。

二、会展接待方案的主要内容

会展接待方案的安排需要服从会展整体活动安排，并依据合理的接待流程来制定。会展接待的主要事项包括：接站、报到与签到、食宿安排、会场服务、参观安排、娱乐宴请、返离送别等，体现于会展活动前、中和后全过程。因此，接待方案的内容通常也包括如下方面。

（一）接站

接站是为接待对象提供的迎候服务，以确保其能够顺利地从抵达地点到达目的地。具体内容应包括确定迎接规格、组织接待人员、设立接站标识、掌握到达情况、欢迎致意、安排交通工具等。针对自驾人员，可提供详细的交通线路。

（二）报到与签到

报到与签到都是参会人员抵达目标地点时办理的确认手续。时间较短、规模较小的会展活动，只需签到；时间较长、内容较多的会展活动，需要报到及签到。写明可涉及的报到工作，包括查验证件、登录信息、接发材料、预收费用、安排住宿等。签到工作主要包括引导签到、签到统计等。

参展商有序签到

（三）日程安排

日程安排即会展活动作息时间的确定，主要包括每日会展活动开始、结束与休息时间，辅助活动时间、用餐时间的安排等。

（四）饮食安排

安排饮食的程序包括制定饮食规格、预订餐厅、印制和发放就餐凭证、统计就餐人数、商定菜谱等。安排饮食时，要注明宾客的特殊需求，并根据其风俗习惯、宗教信仰、身体状况等予以合理的照顾。

（五）住宿安排

接待方案中要明写住宿安排，包括住宿人数、预订宾馆及房间等。同时，要写清宾馆的地址。预订宾馆应在规格适中的前提下，尽量选择距离活动场地较近、交通便利的酒店。

（六）现场服务

现场服务包括引导服务、茶水服务、翻译服务等安排情况。

（七）参观考察

如有组织参观、考察、游览等活动，则应写明参观地点及线路、陪同介绍情况、安排摄影等内容。

（八）娱乐宴请

根据会展活动需求，可开展宴请招待、文艺联欢活动。如观看文艺演出、举行酒会等。因此，接待方案中应写清工作内容，包括选定表演节目、组织人员等。

（九）返离送别

接待方案中不可忽视的部分还包括安排接待对象的返离工作，写作内容包括预订返程票、结算费用、检查会场与房间、告别送行等安排。

三、会展接待方案的结构与写法

会展接待方案有两种形式，一种为综合性方案，须全面落实会展活动期间所有接待内容；一种为单项方案，仅对会展活动中的某部分单项内容进行安排。以综合性方案为例，其结构主要包括以下几个方面。

（一）标题

标题为会展活动名称+文种，如"第七届大运河文化旅游博览会接待方案"。如为单项方案，可加入项目名称。如"第七届大运河文化旅游博览会住宿接待方案"。

（二）正文

正文包括开头、主体两个部分。

1. 开头

开头应写明会展活动名称、接待对象、接待工作目的及意义。会展活动接待对象多种多样，既有组团前来的，也有以个人名义单独参加的。其身份也千差万别，包括政府官员、上级领导、协办与支持单位人员、特邀嘉宾、参展商、观众和媒体记者等。在写作时，应明确交代具体对象。接待工作目的及意义，也可以与下文的接待方针结合起来写作，形成指导思想。

2. 主体

主体部分应写明接待方针、接待规格、接待内容及安排、责任分工和经费安排等。

其中，接待方针为接待工作的指导性原则，接待内容及规格应围绕方针进行。

接待规格，应根据参加对象的身份及会展活动的性质来综合确定。主要体现在：接待人员身份、参观考察规格、娱乐宴请层次、食宿标准等方面。一般来说，接待人员的身份越高、活动项目越多、活动场面越大、食宿标准越高，意味着接待规格越高。

接待内容及安排，可根据时间、地点或活动类型，写清娱乐宴请、参观考察等活动的具体内容。如有必要，可具体表述活动详情。

责任分工，即接待工作人员安排，可分项单独写明，也可在接待内容及安排中写清。

经费预算，指的是对整体接待过程进行预算规划，包括住宿、交通、餐饮、活动组织等方面的费用，涉外活动还包括一定数量的礼品费用。

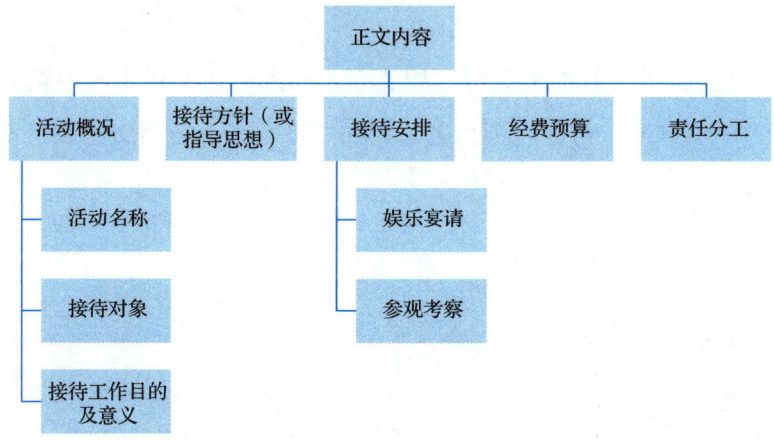

会展接待方案正文基本结构

（三）落款

落款为会展接待方案制定机构的名称。

（四）日期

日期即提交方案的时间。

四、会展接待方案写作注意事项

（1）应事先充分了解参加对象的相关信息，如身份、性别、生活习惯、兴趣爱好等。这些信息是制定接待方案的基础，有助于确定接下来的各项安排。

（2）要明确接待的目标，以便提供合适的服务标准，保障参展人员的舒适和便利，促进会展的顺利进行。

（3）会展接待流程应清晰明了，接待内容应全面具体，以确保每位参加人员都能得到明确周到的接待服务。

（4）接待团队的人员应分工明确，包括负责人、接待人员、志愿者等，确保每个环节都有专人负责，进一步提高工作效率和服务质量。

（5）如有必要，可在接待方案中列明安全与应急措施，制定相应的预防和应对内容，确保参展人员的人身安全和会展活动的顺利进行。

（6）在写作相关项目内容时，力求准确、翔实，充分考虑不同类会展活动和不同参加人员的具体要求。

会展接待方案的写作应注重细节和实用性，确保方案的可操作性。同时，在写作过程中要与会展组织方和相关人员保持密切沟通，根据实际情况及时调整方案，以提高会展接待工作的灵活适应性。

2024 年某省数字会展高质量发展研讨会接待方案

范文示例

会展接待方案制定的工作重心

会展接待方案是接待活动的工作指南，是保障活动实施组织、管理、运作的有效工作方式，在整个接待工作过程中起着统筹保障、规划指导、沟通协调和具体安排的作用。在其制定时要重点把握以下三点。

1. 把握关键节点，保持接待的统一性

会展接待方案是保障会展服务有效开展的工作规范。在制定会展接待方案时，应充分围绕服务对象，根据活动日程安排的时间节点和关键环节，以具体保障事项和接待流程为支撑，全面融合会展活动各部分工作方案或意见建议，形成全面的工作方案，实现接待工作标准及接待行为的统一。

2. 把握具体细节，保障接待的操作性

会展接待方案作为整个接待活动的工作脚本，能够明确相关部门或工作人员的责任，有利于统筹安排接待活动各项工作内容和时间，更好地发挥行动指南作用，进一步提升工作效率。因此，在制定接待方案时，要坚持通盘考虑与细微入手相结合，科学筹划每一个工作环节，把任务分解到具体的时间节点，力求在细节上环环相扣、无缝衔接，在服务保障上精益求精、尽善尽美。

3. 把握适度原则，保证接待的精准性

科学的会展接待方案，是保证会展活动依规接待的制度安排，是实现接待工作制度化、标准化、精准化的必然要求。因此，在接待方案制定时要注重接待工作中的站位属性，减少接待工作的随意性和盲目性。接待方案也要因人而异、因事而异，要根据工作需要和相应接待事项，将所属的内容灵活穿插，有机结合，提高工作方案的实用性价值。

实训任务

新一届中国国际消费品博览会将在你所在的城市举办。博览会期间还将举行国际消费品高峰论坛，预计届时将有 200 名左右的业内人士、专家学者以及政府官员等各方代表参与此次会议。为了做好本次论坛的接待工作，请你为此制定一份接待方案。

评价标准

会展接待方案写作综合评价表

序号	评价要点	分值	自评评分（20%）	互评评分（30%）	教师评分（50%）	综合评分
1	标题简洁规范	10				
2	接待方针妥当	10				
3	接待信息全面	10				
4	内容清晰准确	10				
5	食宿安排得当	10				
6	活动设置适当	10				
7	结构编排完整	10				
8	语言表达通畅	10				
9	经费预算合理	10				
10	职责分工明确	10				
	合计	100				

第五节　参展指南

任务场景

2024年5月8—11日，第十六届中国国际电梯展览会在国家会展中心（上海）举行。本届展览会旨在展示和推广电梯行业最新科技及产品，为广大制造商、供应商和客户构建全面合作、交流的平台。来自全球的近千家企业参展，众多名企纷纷亮相，观众热情高涨。

为了更好地服务参展商，便于其布展参展，组委会需发布《参展指南》。各参展商可根据指南了解展会信息，明确展馆展位情况，提前做好展前布展准备。

一、参展指南概念

参展指南，也称参展手册或参展说明书，是办展机构在确定展会日程安排后，为参展商制定的指导性文件，是对参展商在参加展会时的相关行为和注意事项进行的说明。

参展指南对展会在筹展、布展、展览和撤展期间的各项事宜进行了规定，制定了各方的行为规范，有利于办展机构对展会各环节开展有效管理，便于展会的顺利进行。参展指南中，对办展机构提供的各项服务进行了说明，能够让参展商充分了解展会信息，从而帮助其做好参展工作。除此以外，参展指南中的展出信息，对展会观众也能起一定的指引作用。

二、参展指南的结构与写法

（一）封面

封面中的文字内容主要包括：标题、展会名称、展会日期、主办方信息和联系方式。

封面设计应美观、专业，并与展会主题相关联。

（二）目录

大部分参展指南内容丰富，多为小册子形式。因此，目录应列出指南主要部分的页码，方便快速查找。

（三）主体

1．展会基本信息

展会基本信息主要包括展会简介、展会时间、展会地点、办展机构等。

（1）展会简介

展会简介主要写明展会的名称、主题、相关背景及目标。

（2）展会时间

参展指南中应具体列明展会的布展时间、开幕时间、开放时间和撤展时间等，时间单位应详细精确。如有延时加班时间，也可注明。

（3）展会地点

展会地点应明确具体。

（4）办展机构

参展指南中应列明展会的主办单位、承办单位、支持单位和协办单位等。

2．展会场地信息

展会场地信息能够帮助参展商准确了解展馆位置及展位情况，便于展位搭建和布展的顺利进行。场地信息通常包括展馆及展区平面图、到达展馆的交通图、展位设置信息、场地基本情况说明等。

（1）展馆及展区平面图

参展指南中应标明展馆内各服务设施的位置、展区划分的详细情况、内部通道和出入口等。

（2）到达展馆交通图

参展指南中应标明展馆在城市中的具体位置，到达展馆可选择的主要交通工具及路线等。

（3）展位设置信息

参展指南中应包括展位分布图、展位规格尺寸、展位设施配置说明等，以帮助参展商更好地选择和确认展位。

（4）场地基本情况

参展指南中应清楚准确地标明馆内相关设施设备情况，如展馆空间大小、出入口高度和宽度、电梯载量、水电网络状况等。

3．参展程序

参展程序应写明参展对象参展时的相关流程，如参展报名、提交材料、签订合同、领取证件、布展撤展等，以指导参展商更好地完成参展事项。

4．参展规则

参展规则就是办展机构对参展对象所制定的规则和要求，以便对展会现场进行有效管理，维护展会秩序，保障展会活动有序开展。其主要包括展会相关证件的使用规定、设施设备使用须知、展品展示要求、活动安全规则、现场环保要求等。

5．展位搭建说明

展位搭建说明是对展位搭建的一些基本要求和说明等。在写明标准展位搭建要求的同时，如有必要，可针对参展商特定需求，写明非标准配置展位的搭建办法和要求等。如有指定承建商，可注明其相关信息，如联系人、联系方式等，以便参展商与之直接沟通。

6．展品运输指南

展品运输指南应当写明参展商将物品运输到场的方式，为展品等物品的顺利运输起到指引作用。内容主要包括运输方式、物流路线、物品交运期限、运输材料的准备与提交、费用标准、包装要求等。

7．展会服务信息

展会服务信息是对参展对象提供服务的说明，以解决参展人员在参展期间关于食宿、交通、娱乐等方面的需求。如有需要，还可列明服务提供商的联系方式。

8．相关表格

为了更好地完成展会，在筹展和布展过程中参展商需要使用一些表格，如展览服务申请表、证件申请表、活动申请表、广告刊载申请表等。

9. 附录

如对参展期间其他事宜有相关说明和提醒信息，可在附录中写明，如知识产权要求、会刊发布、特殊活动安排等。

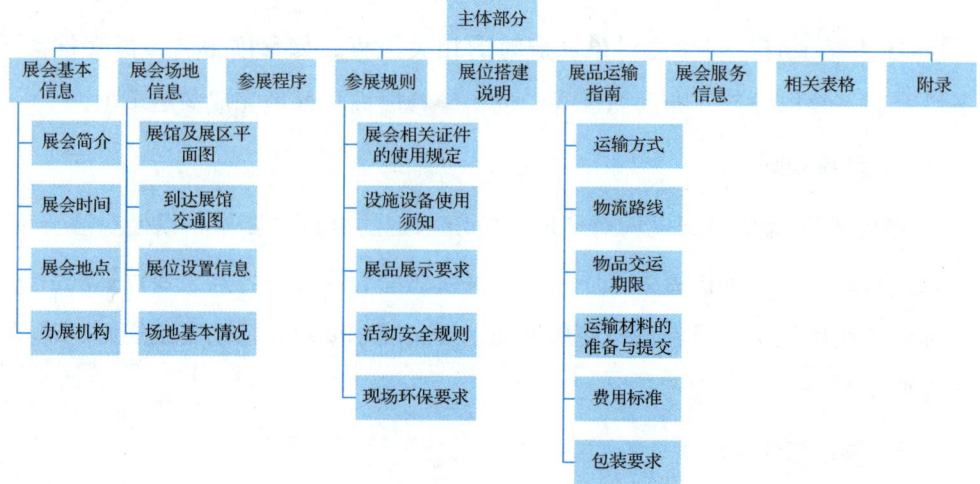

参展指南主体部分基本结构

三、参展指南写作注意事项

（一）结构合理

参展指南的编制应保持逻辑严谨，各条目井然有序，排布合理，信息组织清晰明了，保证参展商能够很快速地查找到相关内容，从而解决问题。

微课

参展指南写作注意事项

（二）内容清晰

参展指南是指引参展商有效进行布展、展览、撤展活动的重要资料，是办展机构为展会活动提供各项服务的有效说明。因此应确保内容全面细致，简洁明了，易于理解，避免误导参展商。

（三）专业实用

参展指南是展会的纲领性文件，应使用正式、专业的语言进行表达。术语要规范，符合行业要求和特性，体现展会的专业性。同时，参展指南的内容应完全符合参展商的实际需求，以便为展会活动提供全面的实用信息。

（四）形式美观

参展指南是关于展会的信息汇编，通常被印制成小册子。因此，在制作过程中，应注意版式设计上的美观性，以呈现良好的视觉效果。如字体大小、结构布局上应更加合理。其制作应当图文并茂，既保证信息的全面性，又便于参展商的直观理解。

 范文示例

2024 太湖湾生物医药产业博览会参展商手册

拓展阅读

参展指南的翻译原则

现代许多会展活动，日益呈现国际化趋势，吸引了一大批来自国外的参展商和观众。为了更好地服务展会活动，确保展会的顺利进行，办展机构在制定参展指南时，还需要在中文版本基础上再推出外文文本。在翻译参展指南的过程中，需要注意下列要点。

1. 准确

参展指南是为参展商准备的纲领性文件，所包含的信息对参展商顺利参展有指引作用。因此，在翻译参展指南时，要做到清晰准确、客观描述，真实反映中文原文的意义，切忌含混不清、模棱两可、产生歧义。特别是在会展活动中，往往会涉及一些专业术语和行业特定词汇，更应确保翻译的准确度和专业性，避免误导参展商或者造成理解上的困难。

2. 流畅

翻译参展指南时，应采用书面语言，避免口语化表达，以体现材料的专业性和可靠性。在表达过程中，如遇到相同的词语或句型，应保持前后统一。翻译时，结构上应层次分明，语言上晓畅通达，切忌表达生硬，让参展商产生阅读障碍。

3. 灵活

在翻译过程中，由于中外文化的差别，若采用直译的方式，可能会导致含义被曲解或者受众难以接受。因此，要注意不同语言文化之间的差异，适当地调整表达方式，以更贴近参展商的语言环境来适应其阅读习惯，从而确保信息有效传达。

实训任务

新一届中国国际电梯展览会即将在 G 市国际会展中心召开。为了让参展商获得完善、及时的展会配套服务信息，明确参展规则，保障其在展会期间能顺利地进行布展、撤展，请以小组为单位，合作完成《参展指南》的编制，以供参展商参考和执行。相关内容可自拟。

评价标准

参展指南写作综合评价表

序号	评价要点	分值	自评评分（20%）	互评评分（30%）	教师评分（50%）	综合评分
1	标题简洁规范	10				
2	结构安排合理	20				
3	信息全面实用	20				
4	内容简洁明了	20				
5	图表绘制专业	20				
6	版式美观大方	10				
	合计	100				

第四章

会展现场实施阶段文案

思维导图

- 会展现场实施阶段文案
  - 会展意向书
    - 会展意向书的内涵与形式
    - 会展意向书的作用与特点
    - 会展意向书的结构与写法
    - 会展意向书的写作要求
  - 会展合同
    - 会展合同的概念与特征
    - 会展合同的分类
    - 会展合同的一般内容及表述
    - 会展合同的结构与写法
    - 会展合同的写作要求
  - 会展致辞
    - 会展致辞的概念与分类
    - 会展致辞的结构与写法
    - 会展致辞写作注意事项
  - 会展新闻稿
    - 会展新闻稿的概念
    - 会展新闻稿的分类
    - 会展新闻稿的结构与写法
    - 会展新闻稿写作要求
    - 会展新闻稿写作注意事项
  - 会展简报
    - 会展简报的概念与特点
    - 会展简报的结构与写法
    - 会展简报写作注意事项

> 🎯 **学习目标**
>
> - 了解会展现场实施阶段文案的类别，熟悉各类文案的概念
> - 了解会展意向书的特点，掌握会展意向书的结构与写法
> - 掌握会展合同的一般内容及表述、结构与写法
> - 了解会展致辞的分类，掌握会展致辞的结构与写法
> - 掌握会展新闻稿的结构、写法与写作要求
> - 熟悉会展简报的特点，掌握会展简报的结构与写法

第一节 会展意向书

🏭 任务场景

作为全球首个以供应链为主题的国家级展会，链博会是中国贸促会主动贯彻落实中国维护全球产业链供应链稳定畅通国际责任的重大举措，主动回应国际工商界深化产业链供应链合作迫切期盼的重要平台，主动推动建设开放型世界经济的重要载体，主动践行人类命运共同体理念的新实践。为践行这一目标和宗旨，在首届链博会启动仪式上专门设置了"碳中和"合作意向书签署环节。

第二届链博会以"链接世界，共创未来"为主题，于2024年11月26日至30日举办，展会设置先进制造链、清洁能源链、智能汽车链、数字科技链、健康生活链、绿色农业链六大链条和供应链服务展区，并围绕这些链条和供应链服务展区举办专题论坛和更多招商推介、供需对接、新品发布等配套活动。同时，正在研究增加其他产业链供应链展示的可行性，给更多中外企业亮相机会，让链博会越"链"越广。在第二届链博会筹备期间，中国贸促会于2024年5月30日（星期四）上午举行5月例行新闻发布会。中国贸促会新闻发言人赵萍出席，介绍相关情况并回答媒体提问。据介绍，已有400多家中外企业签署参展第二届中国国际供应链促进博览

会意向书。签订意向书是双方合作意向达成的起点，作为意向性的文书，是签订重要合同的第一步。

一、会展意向书的内涵与形式

（一）会展意向书的内涵

会展意向书是合作双方或多方在会展合作项目正式达成协议前，表达某种意图或目的的具有协商性的协约文书。这种文书旨在表明一种意向，往往并非正式的协议。一般来说，由一方向另一方表明基本态度或提出初步设想的一种具有协商性的应用文书，是双方进行实质性谈判的依据。

在理解会展意向书时，需要明确，现行法律并未对"意向书类文件"进行明确规定，但在实务中这一类文件却很常见且容易产生法律性质的争议。例如，根据个案情况的不同，意向书类文件的法律性质可能被认定为磋商性文件、预约合同或者本约合同。若为磋商性文件，则缺乏正式合同的法律约束力；若为预约合同或本约合同，则具有合同的法律约束力；若此类文件中明确约定了各方权利义务，且未说明本文件不发生法律效力，则法院极有可能将其认定为有效合同。故本书仅将"意向书类文件"专用于指代没有法律效力或者主要内容没有法律效力的文件，不包括预约合同、正式合同类文件，以尽量避免争议。

意向书的法律性质

意向书性质界定	是否具有法律约束力	备注
磋商性文件	否	本书专用指代该类别
预约合同	是	/
本约合同	是	/

（二）会展意向书的三种形式

1. 单签式

单签式一般由出具合作意向书的一方签署，文件一式两份，再由合作的另一方在其副本上签章认可，交还对方，完成签署。参展意向书多为此类形式。

2．联签式

联签式即联合签署式，在合作意向书上出具双方的详细名称及代表人姓名，各方同时签署，然后各执一份为凭。这种形式比较郑重。重要的合作意向书签字一般还要举行仪式，但是效力与其他形式一致。大部分合作办展意向书均用此类形式。

3．换文式

换文式是双方以交换信件的方式来表达合作意向。形式与外交上的"换文"相同，而内容是合作事务，仍属合作意向书的一种。参展申请、邀请参展函多属于这种类型的意向书。

二、会展意向书的作用与特点

（一）会展意向书的作用

1．主要作用

会展意向书的主要作用是传达"意向"，提请合作方注意或供参考，可以约束双方或多方的合作行为，保证各方的利益。会展意向书确保了各方了解彼此的初步合作意图，确保各方在合作过程中遵循一定的规则和原则，避免因信息不对称或误解而产生不必要的纷争和损失。

2．基础性作用

会展意向书可为会展业务正式签订合同打下基础。通过会展意向书，合作各方可以明确合作的目的、范围、方式和时间等关键信息，同时还可明确合作意向和一些主要条款，为后续谈判和合同签订提供有力的依据和参考。

3．保障性作用

会展意向书在会展业务中具有显著的保障性作用。其能够充分反映会展业务工作中的合作关系，体现各方之间的沟通与协作。通过明确合作目标、方向和策略，会展意向书为各方提供了一个明确的合作框架，保障了会展业务的稳定性和可持续性。在意向书的约束下，各方能够按照既定方向共同努力，确保会展业务的顺利进行，进而实现共同的目标和利益。

（二）会展意向书的主要特点

1. 简略性

会展意向书的内容往往是粗线条的，只涉及合作方向，不涉及具体细节，是签订会展合同的基础。这种简洁明了的特点，在撰写时一般会主要概括合作的主要方向和基本意向，避免更多烦琐的细节。这种简略性使得意向书在初步接触和沟通时更加高效，能够快速传达双方的合作意图和意愿。同时，简略性也为后续的深入沟通和具体规划留下了空间，便于双方在明确合作方向后，进一步细化合作内容和具体条款。

2. 临时性

会展意向书是协商过程中各方基本观点的记录，一旦达成正式协议，便完成了意向书的使命。会展意向书是合作双方主要基于当前的情况和初步沟通的结果，在合作的初步阶段形成。这种临时性意味着意向书的内容可能会随着双方进一步的沟通和协商而发生变化。需要明确的是，意向书一般不具有正式合同那样的法律效力。

3. 灵活性

会展意向书的灵活性主要表现在三个方面。

一是订立后仍可随时更改。

二是在同一份意向书里可以提出多种方案供对方选择。或者对其中的某项某款同时提出几种意见或方案，让对方比较和选择。

三是内容的详略、语言表述均有较大弹性，对一些尚未确定的事项可使用模糊化的语言，以便双方进一步协商。

4. 协商性

在会展业务中，意向书往往是各方开始深入协商的起点，涉及的内容、条款等都需要经过多轮讨论和协商。这种协商性确保了意向书能够真实反映各方的需求和意愿，为后续的正式合作奠定基础。因此，在写作语气上，会展意向书多用商量的语气，不带任何强制性，有时还用假设、询问的语气。

三、会展意向书的结构与写法

从结构上看，会展意向书一般由标题、正文、落款三部分组成。

（一）标题

标题的写法主要有以下几种方式。

（1）双方单位名称＋事由＋意向书，如《××展馆和××企业关于××展品运输合作的意向书》。

（2）事由＋意向书，如《开展多方面服务技术合作意向书》。

（3）双方单位名称＋意向书，如《××设计公司与××搭建公司意向书》。

（4）直接写意向书，如《意向书》。

（二）正文

正文是会展意向书的主体和核心部分。一般包括开头、主体和结尾三个部分。

1．开头

开头主要写合作各方的单位名称、合作事项。与合同一样，意向书签订双方的名称，一般要写明全称。为叙述方便，双方名称可分别确定为"甲方""乙方"或"丙方"；也可简称为"双方"。简要阐述订立意向书的依据、原因和意义，并常用"双方就有关事宜，达成如下意向""兹宣告如下意向"或"初步意向如下"等引出主体内容。

2．主体

主体是会展意向书的重点内容。一般写合作双方的意图及初步协商一致的内容，写明双方或多方达成协议的各个事项，如合作的项目、方式、程序、双方的义务等。

会展意向书的内容一般是粗线条的，主体的每一部分可采用分条列项的形式书写。

由于意向书相对简单、模块化，有时整个文本会以表格的形式体现。

3. 结尾

会展意向书的结尾写作可灵活处理，可写"未尽事宜，在签订正式合同时予以补充"等保留双方进一步磋商的内容，也可不写结尾。

（三）落款

落款包括各方单位的名称、各方代表的姓名、签订日期，可由各方代表签署或盖公章完成。

四、会展意向书的写作要求

（一）保持客观

会展意向书作为会展业务的初步洽谈文件，其核心在于明确各方意愿和期望。在撰写过程中，应如实客观表述各方协商的事项，务必确保信息的准确性和完整性，以建立坚实的合作基础。

（二）平等互利

在撰写会展意向书的过程中，必须坚持平等互利的原则。会展意向书是各方合作的起点和基础，反映了各方的利益诉求和期望。因此，在撰写过程中，各方应在平等的基础上充分协商，确保各方的利益得到合理保障和体现。

（三）合理合法

在撰写会展意向书时，各条款的内容必须合理合法。会展意向书是各方合作的法律基础，其内容必须符合相关法律法规的规定，不得违反任何法律法规。同时，各条款内容也要合理，充分考虑各方的利益诉求和实际情况，确保合作公平、公正。

（四）结构完整

虽然会展意向书不作为正式的法律文书，但作为双方签订合同的基础，一个完整的结构是至关重要的。其中，标题需简明扼要地概括全文内容，正文部分要详细阐述合作意向、合作内容、合作条件等核心信息，而落款则需明确签署方，并加盖公章以证明文件的正式性和有效性。这三部分缺一不可，共同构成了会展意向书的完整结构，确保了文书的规范性和有效性。

（五）留有余地

在撰写会展意向书时，内容要留有余地，不应过于绝对化或绝对限定细节。采用富有弹性、较笼统的语言可以预留双方进一步协商的空间，为未来的合作提供更大的灵活性。这样可以更好地适应可能出现的各种变化，促进双方互利共赢的合作关系的建立和发展。

展览参展意向申请表

范文示例

意向书常见条款内容

意向书的常见条款结构如下表所示，分为首部、条款部分，其中条款部分又分为交易条款部分和通用条款部分。

意向书常见条款对应的主要是写作结构中"正文部分的内容"。常见条款的首部对应的是正文"开头"部分的内容；条款部分对应的是意向书正文的主体，是需要重点展开的内容。因此，可以参照下表中意向书常见的条款内容进行编写。需要注意的是，会展意向书更多出现的是"交易条款部分"的内容，通用条款多以格式化、模板化的形式出现并长期沿用，写作中较少涉及。

框架结构		主要内容说明
首部		1. 主要内容包括：文件名称、当事方； 2. 签署时间地点可放在首部也可放在尾部； 3. 鉴于、引言条款可能有，可能没有。
条款部分	交易条款部分	1. 交易条款部分会约定无法律效力； 2. 这一部分是各方对拟进行的交易的大致安排，一般可分为三个小板块：已经达成一致的事项、尚需进一步明确或磋商的事项、下一阶段的行动安排。但也可能只有其中一个或两个板块。
	通用条款部分	1. 通用条款部分主要是法律条款，会约定具有法律效力； 2. 这一部分最常见的内容是： （1）法律效力 （2）保密 （3）排他期（独家谈判权） （4）争议解决（法律适用、管辖） 3. 这一部分还可能有的内容是： （1）费用各自负担 （2）不得转让 （3）通知送达 （4）合同语言 （5）定义

资料来源：中国合同库. https://mp.weixin.qq.com，2024-06-17. 有改动。

实训任务

ABC 公司是国内中型的供应链企业，希望通过参与本届链博会来扩展资源、提升业务能力、扩大知名度。你作为 ABC 公司的展会代表现需要为公司进行展位预订等相关申请手续，请参照会展意向书的结构与写法为该企业拟定一份参展意向书。

📖 评价标准

参展意向书模拟制定综合评价表

序号	评价要点	分值	自评评分（20%）	互评评分（30%）	教师评分（50%）	综合评分
1	内容表述客观	20				
2	表述体现公平	10				
3	条款合理合法	20				
4	文字规范恰当	20				
5	结构完整齐全	10				
6	谈判留有余地	20				
	合计	100				

第二节　会展合同

任务场景

2023年6月7日，2023中国水博览会暨第十八届中国（国际）水务高峰论坛在南京隆重开幕。本届展览规模16 000平方米，江苏水利学会展团、中国水科院、南京水科院、珠江水科院、中国能建葛洲坝生态环保公司、中国联通、中国电建、中兴通讯等行业内外知名企事业单位出展，国内外参展企业数量总计超过160家。这些参展单位除了要与主办方签订参展合同外，同时还要委托相关会展服务商完成展台的搭建设计，签订搭建设计合同。

一、会展合同的概念与特征

在现实的业务操作中，由于会展业涉及到的业务类型较广，使用到的合同种类多且数量大，尤其会展主办方使用的合同种类和数量较会展服务提供方更多。因此，学习会展合同是会展文案学习中非常重要的一个模块。

(一)会展合同概念

根据《中华人民共和国民法典》第四百六十四条,合同是民事主体之间设立、变更、终止民事法律关系的协议。

会展合同则是会展业务的当事人之间设立、变更、终止民事法律关系的协议。

广义的会展合同是指围绕会展各类型业务(MICE),而依法订立的各种合同总称,以会议和展览类合同居多,包括场馆租赁合同、参展合同、搭建合同、服务合同、买卖合同、运输合同、仓储合同等,其主体包括会展主办、承办、协办、赞助、参展、观展单位或个人。狭义的会展合同是指会展主办或承办单位与租赁会场、展馆等场地,或与供货商、销售商等洽谈业务时依法订立的合同,常见的有参展合同等。

(二)会展合同的特征

会展合同多为经济合同和租赁合同,除了一般合同具有的共性外,其所具有的个性特征如下。

1. 形式上的固定性

在我国会展业的实际业务操作中,由主办方发起的单个合同可能涉及到众多签约单位,故大多采用格式合同,且多为书面订立形式,以更好地规范当事人之间的权利义务关系,得到法律的有效保护。

2. 内容上的财产性

会展有营利和非营利之分,这两种类型涉及的业务合同均具有财产性。这意味着,会展合同的目的和内容是特定的经济利益和经济关系。

3. 主体的特定性

会展合同的各方当事人均是与会展有某种联系的公民、法人或其他组织。例如展览或会议的主办单位、承办单位、赞助商、服务商等。狭义会展合同定义里的当事人则主要指的是会展主办或承办单位。

4．标的物的专门性

会展合同权利义务指向的对象一般是专一的，主要是指涉及会展的商品、行为或智力成果等。

二、会展合同的分类

（一）按制定方式分

会展合同按制定方式分为格式合同和非格式合同两种。

1．格式合同

格式合同是指以格式条款为主的合同，又称标准合同。根据《中华人民共和国民法典》第四百九十六条第一款的规定，"格式条款是当事人为了重复使用而预先拟定，并在订立合同时未与对方协商的条款"。由此可知，构成格式条款的三大要素是"为了重复使用"、"预先拟订"以及"未与对方协商"。

大部分的参展合同就是主办单位面向多个参展企业订立的格式合同，也即参展合同含有格式条款。根据合同法的规定，采用格式条款订立合同的，提供格式条款的一方应当遵循公平原则确定当事人之间的权利和义务。这意味着在编写合同中，双方应当处于平等地位，条款内容应当公正、合理。此外，对于条款内容的编写应明确，确保对方能够充分理解其含义和责任。这是因为对格式条款理解产生争议时，会作出不利于提供者一方的解释。

格式合同一般由会展合同的一方统一印制，或者由行政管理部门统一发布、监制，内容中也可包含部分非格式的条款。

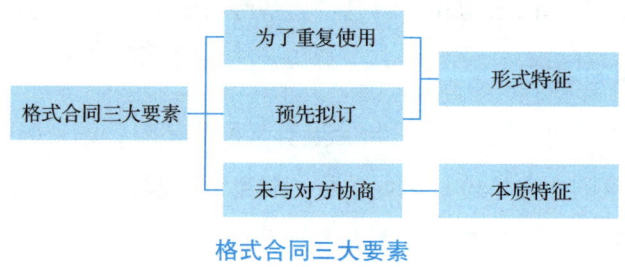

格式合同三大要素

2. 非格式合同

非格式合同即以非格式条款为主的合同。非格式条款是指双方当事人经充分协商达成一致意见后形成的条款。需要注意的是，当非格式条款与格式条款存在不一致时，应当优先采用非格式的条款。这意味着在合同文本中，针对特定情况或特殊约定，如果手写或特别说明的非格式条款与预先设定的格式条款存在冲突或差异，非格式条款将具有更高的优先级。因此，在编写合同时需要确保非格式条款的表述与格式条款内容一致，避免产生歧义或模糊之处，以确保合同清晰性和有效性。

（二）按结构体例分

会展合同常用的结构体例主要有序号式和章条式。

1. 序号式

序号式即采用数字序号安排合同的结构层次和逻辑关系。大部分条款大多的合同均采用这种结构体例。虽然这种结构体例使用较广泛，但使用的序号不统一，对应的结构层次不明确，随意性较大，因此不利于引用、查找和解释。

2. 章条式

章条式即分章设条目安排合同的结构层次和逻辑关系。由于章条式结构体例便于在产生法律纠纷后引用、查找、解释，因此，制作合同可首选章条式结构体例。内容简单的合同或协议书可不分章，直接设条目，连续编码。条款较为复杂的，可以分章设条目。在具体安排上，开头部分通常为第一章或第一条，名称一般为总则，也可以称为"目的和依据"。如果开头部分以前言的形式出现，则可独立于章条之外，从主体部分开始编排章条。结尾部分一般称为附则。

（三）按用途分

主办方在举办展览、会议或节事活动时，均需要整合众多的资源。而这些整合的资源，都需要合作单位共同落实完成，这就形成了不同的会展合同用途。结合会展主办方整合资源的进程来看，按会展合同的用途可分为：前端的整合主办资源合同、中端的整合客户资源合同、后端的整合服务资源合同。

需要说明的是，用于展览、会议或活动项目的众多资源，并非完全按照前、中、后端的顺序进行整合，过程中会有部分交叉融合。

1．整合主办资源的合同

主办方在举办展览、会议或节事活动时，与项目资源的拥有方订立的合同统称为整合主办资源的合同。这些资源包括政府支持资源、赞助商资源、场地展馆资源、媒体资源、参展参观的客户资源等。

这类合同的典型代表有"合作办展合同（行业协会与展览公司间、各展览公司间）"、"并购展会合同"、"政府单位委托承办展会的合同"等。

2．整合客户资源的合同

主办方在举办展览、会议或节事活动时，与带来营业收入的客户之间订立的合同，统称为整合客户资源的合同。此类合同的当事人是服务产品出售方和购买方，主办方是出售展览、会议或节事活动等服务产品的出售方，客户则是购买主办方服务产品的购买方。

这类合同的典型代表有"参展合同"、"参会合同"、"演出合同"等。

3．整合服务资源的合同

会展活动的主办方和会展服务供应商之间订立的合同，统称为整合服务资源的合同。所有为展览、会议和大型节事活动提供主办方服务的机构，均为会展服务供应商。在会展举办过程中，涉及到的服务事项节点多、流程长，因此需要诸多服务商协助主办方来保障会展活动的顺利开展。

这类合同的典型代表有"展位销售代理合同"、"场馆租赁合同"、"信息服务合同"、"媒体宣传合同"、"礼仪服务合同"等。

三、会展合同的一般内容及表述

根据《中华人民共和国民法典》第470条第1款规定，合同一般包括以下条款。

（一）当事人的姓名或者名称和住所

合同中写明当事人的姓名或者名称和住所，是用于明确合同的主体，确定债务履行地、诉讼管辖等。当事人是法人或者其他组织的，写明登记注册的法定称谓。当事人是自然人的，写身份证或户籍登记中的现用名。法人和其他组织的住所以主要办事机构所在地为准。自然人的住所以户籍所在地的居住地为准，如经常居住地与户籍所在地不一致时，以经常居住地为准。

（二）标的

标的即合同权利、义务指向的对象，包括物、货币、行为、智力成果等，是合同的主要条款，没有标的，合同将失去目的。会展合同中的标的包括共同举办的会展活动、发布的广告、设计或搭建的展台、代理招商的项目等。合同的标的一定要写全称，需要缩写或简称时，必须先写明全称，再注明缩写或简称。标的名称写作不当，合同执行时容易发生误解或者纠纷。标的也可以在开头部分交代清楚。

（三）数量

数量是度量标的的基本条件，尤其在买卖等交换标的物的合同中，数量条款直接决定了当事人的基本权利和义务。数量的规定要具体，量词使用要准确。如用量词"场"来计量活动、会议、表演等的次数。具体示例："本次活动计划举办三场讲座"。

（四）质量

质量是确定合同标的的具体条件，质量条款在一般情况下不是合同的必要条款，但可能直接决定着当事人的订约目的和权利义务关系。质量是标的内在素质和外观形态的综合体现，如展品的品种、型号、规格，会展服务项目的标准等。质量条款写作必须符合国家规定和标准化的要求，做到明确、详细，可作为检验的依据。此外，还必须注明质量的检验方法。

（五）价款或者报酬

价款或者报酬是有偿合同的主要条款，体现等价交换的原则，是当事人订立合同所要达到的目的。价款或报酬是指当事人一方向交付标的的另一方支付的货币，表述时要写明币种和数量。用汉语表述金额（特别是总金额）时，数字应当大写。

（六）履行期限、地点和方式

有关当事人实际履行合同的时间、场所和方式的规定，与双方当事人的权利义务关系有一定的联系。

履行期限是指当事人依照合同规定全面完成合同义务的时间界限，也是确定合同是否按时履行的标准。合同的履行期限因合同的种类不同而不同。履行期限可以规定为即时履行、定时履行，也可以规定为一定期限内履行。期限必须具体规定，如按年、季、月、周、天履行或按具体日期履行。履行期限的表述必须明确无误，一般来说时间描述不可太宽泛，最好具体到某一天。

履行地点是当事人按合同规定履行义务的地方，一般根据合同标的性质和各方当事人约定来确定。履行地点是确定验收、运输费用以及风险由哪方承担的依据，也是确定诉讼管辖的依据之一。

履行方式是指当事人完成合同义务的方法。如货物运输合同就必须确定是铁路运输、公路运输，还是水运、空运。又如价款或报酬是一次性支付还是分期支付，是以现金方式还是以银行结算等。

（七）违约责任

违约责任是指违反法律规定和合同约定的义务而应当承担的责任，制定违约责任有利于督促当事人正确履行义务，并为非违约方提供补救。违约责任本质上是法律责任，一般可依据法律、法规来确定，也可由当事人依法商定，在合同中写明。当事人承担违约责任的方式，主要有支付违约金、赔偿金以及继续履行等。

（八）解决争议的方法

解决争议的方法，是指约定一旦发生合同纠纷，应当通过何种方式解决纠纷。这是当事人享有的合同自由的内容之一。在编写会展合同时，应注意明确解决合同争议的方法，如仲裁或诉讼。

在实际应用中还应注意，无论何种合同成立一般应当具备"当事人名称或姓名、标的、数量"三个条款，即必备条款。合同缺少非必备条款的，不影响合同的成立，对缺少的非必备条款，可以通过补充协议的方式予以确定。

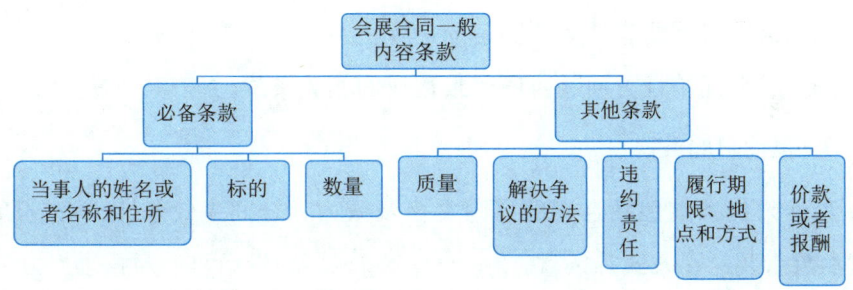

会展合同一般内容条款与合同成立关系

四、会展合同的结构与写法

（一）首部

1. 标题

标题即合同的名称，需要写明合同的性质和文种，如"××展馆租赁合同""××旅游节演出协议"。

2. 当事人的姓名或者名称和住所

可直接表述甲方：×××；乙方：×××。为便于下文表述，当事人名称或者姓名后面可以用括号说明其简称。简称可以是"甲方"和"乙方"，也可以是"主办方"、"参展方"，或"供方"、"需方"等。

当事人的住所以及账号、通信方式可写在各自的名称或姓名下方，也可以写在尾部。

（二）正文

1. 开头

开头写明合同订立的依据、目的、双方是否自愿订立等内容。也有部分合同将该部分内容列入到合同首部中。

2. 主体

主体可用章条式或序号式，逐一列明会展合同核心内容的相关条款。

（1）需包含《中华人民共和国民法典》规定的合同一般条款；

（2）会展合同所属性质所决定的条款；

（3）各合同签订方通过协商一致达成的相关条款。

3. 其他附加条款

其他附加条款包括合同的书写文字及效力、合同生效条件、有效期、合同文本数量及保存方式等条款。

（三）尾部

尾部是会展合同的落款部分，一般由合同各方当事人签名并加盖公章，写明合同订立的时间。当事人的法定住所、账号和通信方式也可写在各方签署下面。

合同中如有较多附件，则要求在正文下方、签名之上标注"附项"写明附件的名称和序号。

五、会展合同的写作要求

（一）会展合同内容的合法性

在订立会展合同时，对合同每一项条款内容都确保要经过严肃认真的审查，核实其中是否有违反法律的内容，是否遵循了平等、自愿、公平、诚实信用等原则。另外，合同内容还必须符合社会公序良俗，不得扰乱社会经济秩序，不得损害社会公共利益，不得泄露商业机密等。

（二）会展合同条款的明确性

会展合同的内容具体规定了当事人各方的权利与义务，所以其中所列出的条款必须具体、明确、全面，不可模糊描述，尤其不能产生多义性理解，这样才能有效地规范合同各方行为，使之明确自身所应承担的义务和具备的权利，尽可能地减少纠纷。

（三）会展合同文字的规范性

会展合同的文字表达需要精确无误，真实反映合同各方的意愿和意图，不得使用模糊、笼统或容易产生歧义的表述。每一个字、词、句子以及标点符号的使用都必须严谨、规范，遵循国家相关的法规和规定，合同中的术语和用语需要遵循行业规范。

参展合同（范本）

会展合同管理的注意事项

经营展览项目所涉及的对外合同，不但种类复杂，而且数量甚多。展览面积为1万平方米的展览项目，参展商一般在200家左右。主办方需要与客商逐一签订参展合同。国内展览面积达10万平方米的超大型展会，参展商往往有上千家之多，故每届展会主办方须与客商签订上千份参展合同。

主办方在合同管理中，要坚持规范化原则，注意事项如下：

一是规范撰写。要根据《中华人民共和国民法典》规定，结合展览项目经营需要规范地撰写合同。要做到合法、明确、文字规范。

二是严格审查。主办方要认真审查展览项目拟签订的对外合同。大型展览公司一般设置法务部，负责统一审查合同文稿（包括草案和定稿）许多主办方聘请律师作为顾问，承担审查重要合同的职责。

三是监管执行。对于已经签订的对外合同，主办方的财务部门负有监管之责。其依据合同，负责监控展览项目营业收入的到账和营业成本的支付。某跨国展览公司的财务部门在展会举办期间要派员到现场，依据参展合同核查客商的展览面积，以防现场实际与合同约定不符。

四是采用格式合同。由主办方统一提供的格式合同，对于规范合同管理、提高管理效能的积极作用。对于数量较多的参展合同，采用格式合同尤其重要。

五是强化项目经理责任。项目经理既是展览项目对外合同的重要谈判者，也是合同撰写和审查的参与者，还是合同的执行者和监管者。因此，明确项目经理在合同管理中的责任，加强主办方财务部门与项目经理在管理工作中的配合，是合同管理在项目管理中发挥作用的重要措施。

资料来源：张凡的会展洞察. https://mp.weixin.qq.com，2022-03-07. 有改动。

 实训任务

作为 2023 中国水博览会暨第十八届中国（国际）水务高峰论坛的参展商，之前已与主办方签订了参展合同，现需与一家展台搭建公司签订搭建设计合同，请为其拟定初步的合同内容。

 评价标准

会展合同模拟制定综合评价表

序号	评价要点	分值	自评评分（20%）	互评评分（30%）	教师评分（50%）	综合评分
1	合同结构完整	20				
2	内容合法合规	20				
3	条款具体明确	20				
4	文字规范严谨	10				
5	格式要素齐全	10				
6	具备生效资格	20				
	合计	100				

第三节 会展致辞

任务场景

2023世界航海装备大会由福建省人民政府与工业和信息化部、交通运输部共同主办。此次大会以"承载人类梦想，驶向星辰大海"为主题，精心策划了论坛交流、成果展示、舰船风采、锦标竞技等一系列丰富多彩的活动，备受瞩目。得益于中国船舶集团有限公司与中国电子信息产业发展研究院的鼎力支持，大会成为了航海装备产业领域内一场高层次、高能级、高水平的行业盛会。

尤为值得一提的是，作为2023世界航海装备大会的重要分论坛之一，亚洲造船技术论坛于2023年10月13日在福州成功举办。论坛以"面向海事技术前沿，深化合作伙伴关系"为主题，吸引了众多行业精英与专家学者参会。福建省委常委、常务副省长郭宁宁莅临现场并发表致辞，中国工程院院士杨德森则带来了精彩的主旨发言，为论坛增添了浓厚的学术氛围与权威色彩。

一、会展致辞的概念与分类

（一）会展致辞的概念

会展致辞是指在会展活动的开、闭幕式或其他会展活动的重要场合，主办方或相关领导人针对会展活动的重要性、意义和目标等内容进行的公开发表讲话。致辞需要具有激励和感染力，能够准确表达会展活动的主题与目标，引导参与者积极参与和合作，激发各方的热情和支持。

（二）会展致辞的分类

会展致辞通常用于开幕式、闭幕式、颁奖典礼、欢送等场合。可以根据不同的场合和目的进行分类，以下是几种常见的会展致辞类型。

1．开幕式致辞

开幕式致辞用于会展活动的开始，通常由主办方或重要嘉宾发表，目的是欢迎参与者，介绍会展的背景、目的和日程。

2．闭幕式致辞

闭幕式致辞在会展结束时发表，总结会展的成果，感谢参与者的贡献，并对未来的合作或活动进行展望。

3．欢迎致辞

欢迎致辞通常在仪式、典礼等会展社交活动中由主持人或重要人物发表。它的主要目的是为了向到场的宾客表达热情的欢迎。

4．欢送致辞

欢送致辞通常是在会展活动结束时发表，用于向即将离开的参与者表示感谢，并送上美好的祝愿。

5．祝酒致辞

祝酒致辞通常在宴会、庆典等社交场合中常用的表达方式，具有一定的礼仪性和文化特色。通过祝酒致辞，人们可以表达对特定人群或事件的尊敬、感激和祝福。

6．颁奖致辞

颁奖致辞在颁奖典礼活动上发表，用于表彰获奖者的成就与贡献。

二、会展致辞的结构与写法

会展致辞在结构上一般包括标题、称呼、正文和致谢部分。

（一）标题

标题应简洁明了，准确传达会展的主题，一般可写作：场合＋文种，如"在××展会上的致辞"，也可省略场合，直接写作"致辞"。标题应位于第一行正中，字体略大。

（二）称呼

顶格写称呼，姓名要写全，并使用尊称。称呼的次序应根据参加对象的情况而定，一般是身份从高到低，性别先女后男，并尽可能覆盖全体参加对象。

（三）正文

1. 开头部分

开头部分用以向与会者问好，以表示欢迎或感谢，并简要地进行自我介绍。同时，阐明活动的背景、意义、重要性，以及强调举办的目的、预期的活动。

2. 主体部分

不同类型的致辞，内容详略主次不同。如上文所介绍的几类致辞，会展开幕式致辞侧重于介绍会展的议程、亮点及其特色；会展闭幕式致辞则强调会展所取得的成果以及对未来的期许目标；颁奖致辞着重介绍获奖者的贡献与成就等等。

3. 结尾部分

结尾部分主要包括三部分，一是会展活动进行简要回顾归纳总结；二是对与会者、合作方表达美好的祝愿；三是以"感谢大家倾听"、"期待与您再次合作"等结束语正式完成致辞。

三、会展致辞写作注意事项

在撰写会展致辞的过程中，需注意以下问题。

（一）熟悉主题和目的

在写致辞之前，先要深入了解会展活动的主题、目的和受众群体，确保致辞内容能够清晰地、有针对性地传达出来；

（二）写作结构清晰

会展致辞应注意行文结构。致辞应该包括开头、正文和结尾部分。开头应该简洁而引人注意，正文部分应该围绕着主题展开，结尾部分应强调主要观点；致辞需要在逻辑上连贯并有条理，句子和段落之间需要有明显的连接线索，确保观点之间的过渡自然，避免出现内容混乱或跳跃。

（三）内容翔实充分

可以结合会展活动的实际情况，介绍开展情况、取得的成绩或亮点。内容要严谨、详实，数据要准确可靠，避免错误或虚假的信息传达给观众。

（四）使用恰当语言

在写致辞的时候，需要注意语言的选择和使用，使用清晰、简洁的语言，并避免使用太过专业或复杂的词汇。要注意使用当地情况介绍时的固定说法，避免出现错误或歧义。

（五）注意致辞风格

需要注意致辞的风格，可以适当运用修辞手法，可以适当加入一些创新元素，如引用诗句、使用幽默的措辞等，使致辞更加生动、有趣。在文字凝练方面要反复修改、润色，确保语言流畅、表达准确。可适当加入个人情感和情感共鸣的内容，使得致辞更加饱满和真诚。

（六）控制致辞时长

确保会展致辞的时长控制在合适的范围内，避免过长或过短的情况发生。

此外，可以考虑使用现代多媒体手段辅助会展致辞的表达，如幻灯片、视频等媒体手段的运用可增加致词的视觉效果和吸引力。

📁 范文示例

"成都，带不走的只有你！"
——成都第 31 届世界大学生夏季运动会闭幕式致辞

范文示例

实训任务

假设您所在城市或地区有一个品牌会展项目即将隆重召开。请您调查并深入了解该展会的具体情况，为主办机构负责人撰写一篇开幕致辞，要求发言时间控制在10～15分钟，并确保致辞内容条理清晰、重点突出，同时注重致辞修辞的运用。

评价标准

会展致辞拟写综合评价表

序号	评价要点	分值	自评评分（20%）	互评评分（30%）	教师评分（50%）	综合评分
1	主题明确	20				
2	结构清晰	20				
3	内容翔实	20				
4	措辞润色	20				
5	口语化表达	20				
	合计	100				

第四节　会展新闻稿

任务场景

2024年5月23日至25日，第七届数字中国建设峰会在福州举行，举办期间有关峰会相关的报道在多级媒体平台发布，如中央级别的媒体方面，人民网福建频道开设了峰会专题，策划制作图文、短视频等融媒体产品。环球网进行了广告投放，环球网网站、微信公众号、环球时报客户端推送了峰会相关报道。在地方媒体方面，《福建日报》刊发专题报道，《福州日报》《福州晚报》均形成专题专刊形式持续报道。此外，通过网络媒体抖音热点推送等方式，形成了多方位、全覆盖的媒体宣传。

一、会展新闻稿的概念

中国新闻界普遍采用陆定一对新闻的定义：新闻是对新近发生或正在发生、发现的事实的报道[①]。并简明扼要地概括出新闻的主要特点，时效性、真实性和客观性等。同时，新闻也具有一定的导向性和影响力，能够在一定程度上引导社会舆论、塑造公众意识。新闻的内容广泛，涉及领域有政治、经济、文化、社会等，是人们了解世界、获取信息的重要途径。

会展新闻则作为新闻所涵盖的内容之一，也具有新闻的特性。它是用简洁明快的文字迅速、及时地反映新近发生的会展事件的一种文体。会展新闻的来源有媒体记者采写，或者由会展主办机构供稿。但通常包含以下六项新闻基本要素：何时（When）、何地（Where）、何人（Who）、何事（What）、何故（Why）、何果（How）。

二、会展新闻稿的分类

根据新闻稿发布的时间点和内容的侧重点不同，大致分为以下几个方面。

（一）预告新闻稿

在会展活动开始前发布，通过广而告之的方式预告活动时间，以吸引观众的注意力，内容要特别关注活动的时间、主题、地点等关键信息，并重点突出特色亮点。

（二）报道新闻稿

会展活动结束后发布，强调会展所取得的成绩，以及复述现场互动的精彩与亮点，写作强调现场氛围的描写，直接采写参与者的感受，以求还原活动现场。

（三）专题新闻稿

发布时间在活动进行时或是结束后均可，它侧重于会展活动的某个特定

[①] 陆定一. 我们对于新闻学的基本观点[J]. 解放日报, 1943年9月1日。

主题或特色，如特定的参展产品、论坛议题或特殊活动。写作时注重对活动主题、背景、影响等方面的深入挖掘，提供更深入、全面的分析和见解。如"虚拟现实与艺术的融合：全球首届虚拟现实艺术展览背后的思考"。

（四）综合新闻稿

发布时间上在会展活动举办前后均可，旨在全面介绍会展活动情况，包含会展的基本信息，如时间、地点、主题、参展企业、展品，以及参与者反馈以及未来展望等多方面。

三、会展新闻稿的结构与写法

会展新闻的结构，一般分为标题、正文（导语、背景、主体）、结语三个部分。

（一）标题

一个好标题可以立即吸引读者的注意力，如"跨境电商展盛大开幕，千余家企业齐聚一堂！"、"盛会来袭！2024年度福州渔业博览会盛大开幕"。会展新闻标题的形式大致分为两大类,即单行标题和多行标题。在新闻写作中，选择合适的标题形式对于吸引读者、传达信息具有重要意义。

1. 单行标题

单行标题一般由一行式主题构成，如"首届中国国际茶博会吸引47个国家参加"，它的特点是简洁明了，直接概括新闻的主要内容或点明新闻的中心思想。它的使用频率较高，因为它能够迅速吸引读者的注意力。

2. 多行标题

多行标题一般由两个或两个以上新闻标题按一定的规律组合而成，可以更全面地揭示新闻内容。常见的题型有以下几种：引题与主题的组合式，如"展览规模再创新高 第134届广交会将于10月15日开幕"；引题、主题与副题的组合式，如"探索科技的边界（引题）2024年国际消费电子展（CES）开幕（主题）全球科技巨头齐聚拉斯维加斯，展示最新创新成果（副题）"；引题、主题、副题与边题（或尾题）的组合式，如"连接世界，共享未来（引题）2024年中国国际进口博览会盛大开幕（主题）全球参展商数量创历史新高，聚焦创新与合作（副题）""记者：张伟，现场报道"（边题）。在一些重要的新闻报道中，多行标题能够更好地展现新闻的深度和广度。

（二）正文

1. 导语

新闻导语是新闻报道的开篇部分，其目的是吸引读者的注意力并提供新闻事件的基本信息。新闻类型不同，导语的表达方式也不尽相同，如软新闻导语"随着春天的到来，市中心公园的樱花节吸引了成千上万的游客前来赏花"；硬新闻导语"在今天的新闻发布会上，市长宣布了一项新的城市发展规划，旨在缓解市中心的交通拥堵问题"。会展新闻多属于硬新闻，如"2024年智能科技展览会见证了多国科技企业之间的合作签约，标志着全球智能科技领域合作的新篇章"。通常也因新闻多强调短小精悍，常常会有把导语省略或者并入主体部分。

2. 背景

会展新闻稿的背景部分是为读者提供会展活动相关的历史、环境和情境信息的段落。它有助于读者理解会展活动的重要性、目的和预期的影响；还可以介绍会展活动的起源、历史和往届的举办情况，回顾往届的成功案例、达成的交易、获得的反馈等，以提升它在行业中的地位和影响。

3. 主体

主体应重点突出强调四个方面内容：一是参展商及展品，介绍介绍参展商的规模、行业分布情况以及他们展出的主要产品或服务；二是展会期间举办的重要活动和论坛，以及这些展会活动的目的和成果；三是展会的亮点和创新之处，如在展会上展示最新的技术、最新研发的产品，或是展览展列方式的创新；四是参展商和观众的反馈，采用参展商和观众的实时反馈，为读者提供客观的用户反馈信息。

（三）结语

结语也就是一篇新闻报道的尾巴部分，标志着一则完整新闻的结束，通常是由一两句话来结束。做到事尽而文止，自然收尾。有时新闻也可以没有结尾。会展新闻的结语通常是展望会展的未来，如发布下一届会展的计划，以及总结会展的重要性和意义，强调其对行业和经济的贡献。

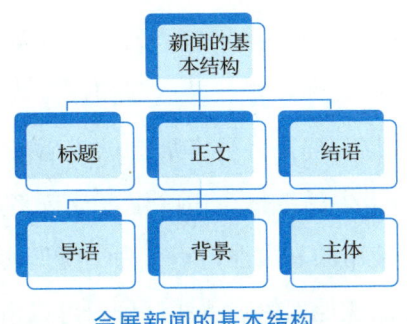

会展新闻的基本结构

四、会展新闻稿写作要求

（一）主题集中明确

一则会展新闻应围绕一个主题来写，不论篇幅长短，都应保持一个明确的中心。在写作时，要紧紧围绕这一主题，确保新闻结构的紧凑性和逻辑的清晰性。这样，读者在阅读时能够更容易地理解新闻的内容，并产生阅读兴趣。

（二）行文精炼简洁

新闻篇幅要精炼简洁，尽量避免文字冗长，常见的多有三五百字的动态消息，让读者能够迅速了解展会的信息；最长不过千字的通讯报道，让读者对会展新闻事件和人物有全貌的了解。

（三）写作方法创新

新闻写作有严格的规范性，但在写作方法和表达上，可以适度进行创新，如使用生动的语言和形象的描写来介绍会展，让读者可以通过文字感受到会展的氛围和吸引力。描述观众与参展商的互动场景时，"观众们纷纷向参展商咨询产品信息，现场交流氛围浓厚"，提及观众的反馈和评价时，"许多观众表示，这次会展让他们收获颇丰，不仅了解到了最新的行业动态，还结识了不少业内人士"。也可以通过讲述一些与会展相关的故事，来吸引读者的兴趣。

（四）数据观点真实

在会展新闻报道中，数据的运用较为普遍，如展会的专业观众人次、参展商的具体数量、参展面积以及展会期间所达到的成交额等数据，都是各界在展会结束后最为关心的一个议题，因此报道中的数据运用除了要让读者加深印象，还需要保证数据使用的真实性，不可为了所谓的"好看"而编造虚假数据信息。此外，引用专家或他人的观点和评价，可以增加新闻的权威性和吸引力。读者可以通过这些观点更深入地了解会展的价值和意义。

微课

会展新闻稿撰写规范

除了以上的几点写作要求，会展新闻还要注意保持准确性、客观性，避免夸大其词或误导读者。

五、会展新闻稿写作注意事项

（一）立意新颖独特

在写会展新闻时，要选择一个独特的角度来报道，使其与其他新闻有所区分，可以是与行业趋势相关的内容，或是会展所涉及的特殊话题等，如"聚焦未来科技趋势"或"引领绿色可持续发展新潮流"。再如详细介绍会展活动上首次亮相或新推出的技术、产品及其创新之处，可以列举几个具体的案例，并解释它们对行业或市场的潜在影响；再有会展活动上有企业提出了针对行业问题的创新解决方案，在新闻稿中突出这一点，并解释其创新性和实用性。

（二）注重时效性和价值性

会展是具有时效性和事件性的活动，因此新闻稿需要及时、准确地报道现场的实况和热点事件，及时捕捉新闻点，并在最短时间内发布新闻。除了时效性，新闻价值也是撰写会展新闻稿时尤为需要注意的，即新闻稿的内容需要具有一定的社会意义、影响力和关注度。这要求作者仔细筛选和提炼新闻素材，确保新闻稿具有足够的新闻价值。可在新闻稿中展望会展所揭示的行业未来趋势和发展方向，强调会展在推动行业创新和发展方面的重要作用。

（三）注重融媒体

在会展新闻中巧妙穿插现场信息，可以有效地增强新闻稿的生动性和可信度。材料要充分典型，尤其在融媒体时代，可以加入图片、视频等多媒体元素，以更直观、生动地展示会展活动的现场情况和亮点，提高新闻稿的吸引力。同时，需要考虑如何将这些新闻稿有效地传播到更广泛的受众群体中，这包括选择合适的媒体平台、优化新闻稿的 SEO（Search Engine Optimization 搜索引擎优化即凸显新闻稿的醒目作用）效果等。

2024 渔业周·渔博会落幕

现场零售额 2.6 亿元、经贸配对额 11.89 亿元

会展新闻写作模式

因报道的内容、目的和受众，媒体类型（如报纸、网络、电视或广播）和新闻类型（如硬新闻、特写、评论等），会展新闻写作模式也有所差异，但较为常见的写作模式是倒金字塔式。

倒金字塔式在导语中直接写出新闻最有价值的内容，如最新奇、最吸引受众的部分。主体部分按照事件各个要素的重要程度依次递减的顺序进行写作；金字塔式的写作模式：报道事实比较单一的，以事件的时间发展顺序来叙说，突出最新鲜、最重要的事实，文字简洁，时效性强。

1. 标题：吸引注意力的标题，概括新闻的主要内容。

2. 副标题（可选）：补充主标题。

3. 导语：介绍会展的基本信息，包括时间、地点、主办方、主题等。

4. 背景：提供与会展相关的背景信息，如往届回顾、行业现状等。

5. 主体：参展商和展品、重要活动和论坛、展会亮点和创新、参展商和观众反馈。

6. 数据和统计：提供支持新闻点的数据和统计信息。

7. 影响和后果：描述会展可能产生的影响或后果。

8. 未来展望：预测会展的未来发展或可能的后续行动。

9. 结语：总结会展的重要性和意义。

10. 附加信息（可选）：提供关于新闻发布机构的标准信息。

此外，会展新闻采写在方法上详略有别，可以根据具体的报道需求和目标受众进行选择和应用。如会展消息是简要地报道会展新闻事件。会展新闻事件的专题报道或者人物专访则侧重于详细和生动地报道客观事实或典型人物，以叙述和描写为主，兼用议论、抒情等表达方式。开篇特写一个"镜头"，一般以个人的言行引出整个新闻报道。这种写法比较贴近实际、群众和生活。这是新闻体裁中富有表现力的重要形式，以描写为主要手法，"再现"新闻事件、新闻人物"一瞬间"的形象。

 实训任务

以2024年第七届数字中国建设峰会为新闻取材对象，时间节点可选择展会前、展会进行中，或者展会落幕，撰写一篇不超过800字的会展新闻稿。

 评价标准

会展新闻稿综合评价表

序号	评价要点	分值	自评评分（20%）	互评评分（30%）	教师评分（50%）	综合评分
1	主题明确	20				
2	六要素俱全	10				
3	行文精炼	20				
4	数据观点真实	10				
5	报道时效性	20				
6	融媒体元素	20				
	合计	100				

第五节 会展简报

任务场景

2023年5月，第133届广交会在广州琶洲馆成功举办。本届广交会在展览面积和参展企业数量上创下新高，展览总面积达到150万平方米，展位数量达到7万个。线下参展企业达到3.5万家，其中包括9000多家首次参展的新企业；线上参展企业达到39 281家。共有来自229个国家和地区的境外采购商参加，其中线下参会的境外采购商达到129 006人，来自213个国家和地区；线上参会的境外采购商达到390 574人。现场出口成交总额达到216.9亿美元，展会共举办了约300场新品首发首展首秀活动。第133届广交会不仅展示了中国制造业的强大实力和创新能力，还为全球采购商提供了一个重要的交易平台，使参展企业获得了巨大的商业机会并提升了品牌影响力。

展会结束后，各参展团体或机构纷纷以会展简报的方式或是记录了本届广交会的各个方面，如参展企业的表现、采购商的反馈、成交情况等，或是总结了参展的效益和成功经验，进一步展现了本届展会的成果和效果。

一、会展简报的概念与特点

（一）会展简报的概念

会展简报是用于传递会展管理与活动的动态消息和成果，以简短、灵活、快捷为特点的内部简要报导，因此也常称为"会展信息"、"会展快报"、"会展通讯"等。会展简报是会展行业内部的一种重要沟通工具，会展简报不是法定的会展公文，但由会展管理机构或会展主办单位编发，具有公务文书的性质[1]。它不仅能够让上级部门、政府机构、兄弟单位、参展商、观众、媒体等及时了解会展的最新动态和进展情况，还能够促进会展行业的合作与发展。

---

[1] 向国敏. 会展文案[M]. 上海：立信会计出版社，2006：448.

（二）会展简报的特点

1．文字简洁明了

会展简报要求文字要简练，信息一目了然。这也是简报写作的最大特点之一，即使是一些经验性简报，也要求控制篇幅，一般不超过千字，故有千字文的别称。

2．信息真实可靠

简报所反映的情况、工作、问题、经验都要有真实可靠的材料为支撑，不能有半点的掺假、虚夸或者掩盖。

3．编写内容新颖

会展简报必须反映新情况、新经验、新问题，反映会展的最新动态。

4．采编及时快速

会展简报写作，既要有敏锐的眼光，发现会展领域具有前瞻性、倾向性和苗头性的经验、问题和现象，又要在写、编、校、印、发等环节做到及时迅速，确保会展简报在第一时间分发到有关部门、单位和人员手中。

5．编写形式规范

简报有约定的标印格式，一般不使用多行标题和带有描写性或修辞性的导语。

总之，会展简报具有汇报性、交流性和指导性，旨在通过简明的文字和形式，快速有效地传递会展的动态、进展、经验等信息。

也有很多人会将会展简报与上文提到的会展新闻的混淆在一块，并不能很好地区分二者的不同。我们可从写作对象与传播范围来区分：一是会展简报主要关注本系统、本单位内的会展情况，内容相对狭窄，而会展新闻的写作对象则非常宽泛，可以涵盖任何与会展相关的内容，无论是本系统、本单位还是其他系统和单位；二是会展简报由于其特定的写作对象，传播范围相对狭窄，主要限于本系统、本单位内部；而会展新闻一旦发布，则面向全社会，传播范围非常广泛，能够迅速吸引媒体、企业和公众的注意。

会展简报与新闻的区别

文种	写作对象	传播范围
会展简报	本系统、本单位内的会展情况，内容狭窄	涵盖任何与会展相关的内容，内容宽泛
会展新闻	传播范围相对狭窄	传播范围非常广泛

二、会展简报的结构与写法

通常，会展简报分为报头、报身、报尾三个部分。

（一）报头部分

报头明确标明简报名称、编印机关、印发日期和编号等，以便读者快速了解简报的基本信息。

1．简报名称

简报名称由发文机构名称或会展活动名称加文体名称组成，如×××博览会简报。简报名称要居中，在名称上要明确标识出简报的主题或类型。

2．印发日期

简报应标明制作日期或印发日期，确保时效性和准确性。

3．编号

标明是第几期简报，有助于了解简报的序列和更新情况。

4．编印机关

编印机关指简报的编制和印发单位，明确简报的来源和权威性。

（二）报身

报身是简报的主体，包含标题、导语、正文三部分，正文部分通常采用综述法、重点报道法或摘要法等方法来撰写。

1．综述法

综述法是指对某一时期、某一领域或某一事件的整体情况进行全面、系统的概括和阐述。它通过对多个相关事实、数据、观点的归纳和整理，形成对该主题的全面认识和评价。在简报中使用综述法，可以使读者迅速了解事件的全貌或领域的发展状况，有利于从宏观上把握信息。

2．重点报道法

重点报道法指集中笔墨对简报中最重要、最具有新闻价值或指导意义的事实进行详细报道。这种方法通过突出重点、放大细节，使读者能够迅速抓住简报的核心信息。在撰写时，需要准确判断哪些信息是关键性的，哪些是可以简略提及的，从而确保简报内容既有深度又有广度。

3．摘要法

摘要法指罗列主要观点、数据和结论，以简短的形式呈现出来的方式。在简报中使用摘要法，可以极大地节省篇幅，同时保留关键信息，便于读者快速浏览和获取核心要点。这种方法特别适用于那些内容繁杂、信息量大的简报。

（三）报尾

报尾通常放置在简报最后一页的下方，注明主送单位或个人姓名、抄送单位、增发单位和印发份数，以确保信息传达的完整性。

三、会展简报写作注意事项

在写作会展简报时，需要注意以下几个问题，以确保简报的质量和信息传递的准确性。

（一）格式规范

在编写简报时，应遵循一定的格式规范，包括字体、字号、行距等方面的要求。这有助于保持简报的整洁和美观，提高读者的阅读体验。

（二）内容准确

简报内容必须真实、准确，忠实于原意，避免夸大或歪曲事实。涉及的关键词句,尤其是与会人员的发言内容,应尽量使用原话,以确保信息的准确性。

(三)简洁明了

简报通常要求文字简洁,不说废话,因此要注意避免冗长的句子和复杂的词汇。写作时要开门见山,直截了当,让读者能够快速获取所需信息。

(四)及时快速

由于会展简报通常需要迅速传递信息,因此写作过程中要特别注意速度。

会议简报通常要求头天讨论的情况,第二天一早就要印出,因此编写者必须具备快速整理信息的能力。

(五)审核校对

在简报编写完成后,务必进行仔细的审核和校对,确保信息的准确性和完整性。特别注意检查数字、日期等关键信息是否准确无误,避免出现低级错误。

会展简报的撰写规范

总之,在写作会展简报时,应注意以上几个方面,以确保简报的质量和信息传递的准确性。同时,编写者还应具备快速整理信息、提炼概括的能力,以便更好地为与会人员和相关部门提供有价值的参考信息。

会展项目工作简报

范文示例

拓展阅读

会展的不同阶段,简报的内容会依据不同阶段作不同的取舍,各有侧重。如在展会筹备时,参展商及专业观众想要获得展会的进展情况,就可以通过会展简报获得一定的资讯,如展会具体的举办时间、地点、展出的面积以及展品的范围等内容,自然会与展会结束后所撰写发布的会展简报

（强调展会取得成果）大有不同。

2024某城（国际）首届人工智能展初期会展简报

一、展会概况

本次展览名为"2024某城（国际）首届人工智能展"，旨在通过展示我国人工智能的最新成果与趋势，促进业界交流与合作，为参展商与观众搭建一个高效、专业的交流平台。展览由国家相关部委、行业协会及地方政府联合主办，于2024年5月30日至6月3日在某城国际会展中心盛大举行。

二、展览筹备情况

1. 展位搭建：目前，大部分的参展商展位搭建工作已进入收尾阶段。我们严格按照展览规划与设计要求，监督施工进度，确保各展位能够按时、高质量地完成搭建工作。同时，也加强了现场安全管理，确保施工过程中的安全无虞。

2. 展品运输与布展：展品运输工作正有序进行，已与多家物流公司建立紧密合作，确保展品能够安全、准时抵达展览现场。布展工作也已启动，各参展商正紧锣密鼓地进行展品陈列与布置，力求在展览期间呈现最佳展示效果。

3. 宣传推广：通过线上线下相结合的方式，我们加大了对本次展览的宣传力度。线上方面，利用社交媒体、行业网站等渠道发布展览信息，吸引广泛关注；线下方面，则通过邮寄邀请函、发送短信通知等方式，精准邀请目标客户群体参观展览。

4. 嘉宾邀请与接待：我们已向众多行业专家、学者及知名企业代表发出邀请，并得到了积极回应。目前，嘉宾邀请工作已接近尾声，我们将为每位嘉宾提供周到的接待服务，确保他们在展览期间能够享受到舒适、便捷的参会体验。

三、展览亮点预览

1. 展览面积：超过5.2万平方米，设置多个主题展区，如大模型、算力、机器人、自动驾驶等。

2. 新品发布：多家知名参展商如华为、特斯拉、施耐德等企业将在展览期间发布其最新研发的产品或技术，涵盖"人工智能+"的多个方面，为观众带来前所未有的视觉盛宴。

3. 主题论坛：我们将举办多场主题论坛，邀请行业领袖、专家学者就当前热点问题进行深入探讨与交流，为参展商与观众提供宝贵的思想碰撞机会。

4. 互动体验区：特别设置互动体验区，机器人矩阵与观众互动，让观众能够亲身体验展品的功能与魅力，增强参与感与体验感。

四、后续工作计划

1. 完善现场服务：继续加强现场服务团队建设，提升服务质量与效率，确保展览期间各项服务工作的顺利进行。

2. 加强安全管理：制定详细的安全应急预案，加强现场安全巡查与监控，确保展览期间的安全稳定。

3. 收集反馈意见：展览结束后，将及时收集参展商与观众的反馈意见，总结经验教训，为今后的展览工作提供参考与借鉴。

五、总结

随着展览的日益临近，我们深感责任重大、使命光荣。我们将以更加饱满的热情、更加务实的作风，全力以赴做好展览的各项筹备工作，确保本次展览取得圆满成功。我们诚挚邀请各界朋友莅临参观指导，共同见证这一行业盛事！

实训任务

参与一次校园会展活动的组织与实施，全面了解会展策划、组织、执行及后期总结的全过程。在实践中，记录活动中的观察与体验，特别是与会展策划相关的工作过程及成果，并在此基础上选择一个会展工作的具体阶段，撰写一份详细的会展简报。

评价标准

会展简报评价表

序号	评价要点	分值	自评评分（20%）	互评评分（30%）	教师评分（50%）	综合评分
1	格式规范	20				
2	内容真实	20				
3	文字简洁	20				
4	时效性强	20				
5	信息精准	20				
	合计	100				

第五章
会展评估总结阶段文案

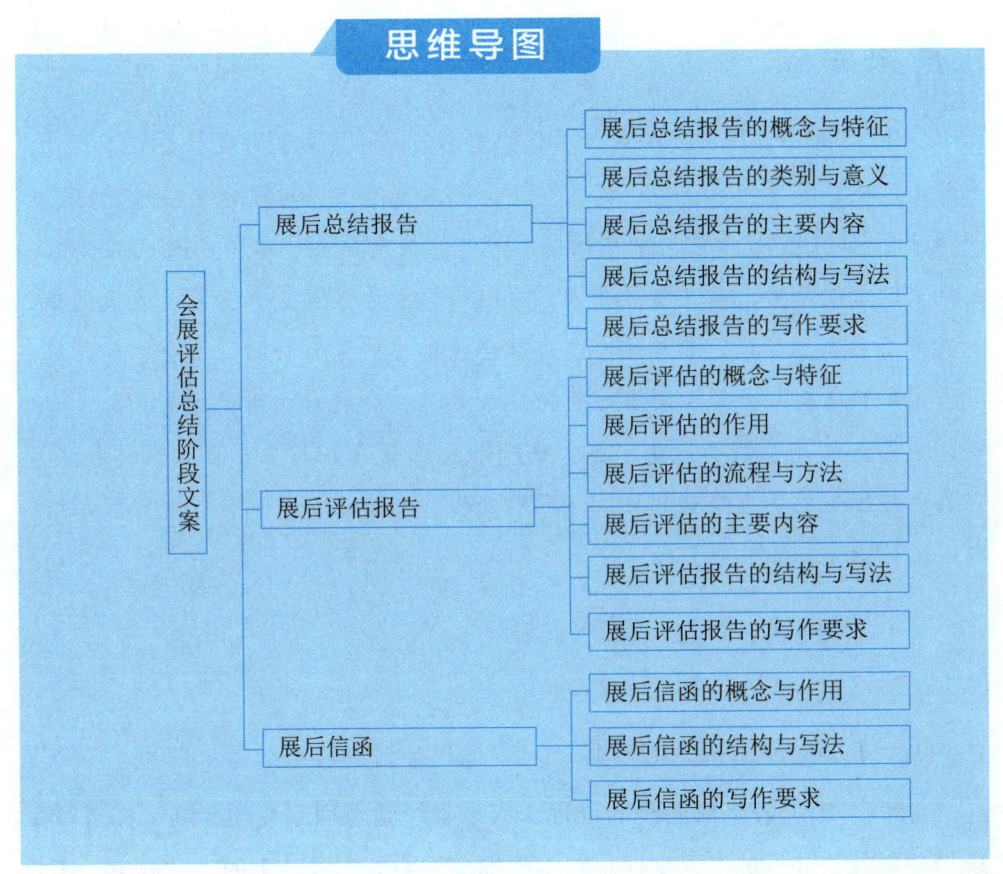

> **学习目标**
>
> - 了解会展评估总结阶段文案的类别，熟悉各类文案的概念
> - 熟悉展后总结的主要内容、掌握展后总结报告的结构与写法
> - 熟悉展后评估的主要内容，掌握展后评估报告的结构与写法
> - 了解展后信函的作用，掌握展后信函的结构与写法

第一节　展后总结报告

任务场景

第 20 届中国国际五金展（CIHS）由中国国际贸易促进委员会轻工行业分会、中国五金制品协会、德国科隆国际展览有限公司联合主办，于 2023 年 9 月 19 日至 21 日在上海新国际展览中心成功举办。本届 CIHS 是疫情三年来的首次举办，行业参展企业、采购商以及专业观众都积蓄了大量的参展需求，表现积极，参与热情高。展会主办方中国五金制品协会、德国科隆国际展览有限公司针对五金行业逐步复苏，会展行业回暖的情况做了充分准备，加大了招展招商、运营推广以及综合服务等多方面工作的力度，为参与展会的各方搭建起更加优质的交流、交友、交易平台。在展后总结中，可体现出诸多亮点。

一、展后总结报告的概念与特征

（一）展后总结报告的概念

展后总结报告是对展会的过程、成果、经验教训或专项会展工作进行系统梳理与深入分析的书面文件。它不仅提炼了会展实践活动的关键内容，还总结了其中的重要发现和改进建议。该报告基于详细的展后总结工作，并通过进

一步的分析研究编制而成。

展后总结工作包括会展管理工作、会展组织工作和参展工作等的总结，通过这一过程，办展和参展单位可以对会展活动的认识提升到理性层次，为下一步的工作或类似活动提供经验和借鉴。这有助于加强管理、优化运作模式，提高在竞争激烈的市场环境中的展会和企业竞争力。同时，总结沉淀的内容可以在行业间相互学习交流，促进共同发展。

作为展后总结工作的书面文本，撰写展后总结报告具有很强的自主性，可以涵盖的内容包括方方面面。然而，一个重要的原则是力求报告的准确客观。

（二）展后总结报告的特征

展后总结报告与一般的工作总结报告相似的特征表现在以下两个方面。

首先，展后总结报告是客观切身的内容回顾。因为展后总结报告是结合会展自身实践活动的产物，并且旨在客观评价整个会展活动过程，以回顾整个会展工作情况为内容，其调用的材料均来自会展工作实践，因此其总结出来经验和教训，都具有极强的针对性。

其次，展后总结报告是上升到理论层面的实践复盘。展后总结报告应当忠实于会展工作实践活动，但展后总结报告并非会展工作的流水账记录，不能照搬会展实践工作的全过程。它还应当包含对整个会展工作的复盘、反思，是对会展工作的本质概括，要基于回顾实践全过程的分析研究，以归纳出会展工作实践的规律性，将感性认识上升到理论层次上。

二、展后总结报告的类别与意义

（一）展后总结的主要类别

总结报告是常用的一种公文形式，对标公文总结分类，展后总结报告可有以下几种分类。

（1）按内容分，可以分为专题性总结和综合性总结。例如，一般完整的展后总结报告就是综合性总结，而关于招展工作的总结则属于专题性总结。

（2）按性质分，可以分为管理工作类、组织工作类、参展工作类等总结。例如，展会的主管部门对会展管理作的总结属于管理工作类总结；主办方、承办方对前期策划、现场组织工作作的总结属于组织工作类总结；参展商、观众对参加展会总结的经验与收获则属于参展工作类总结。

（3）按时间分，可以分为月份、季度、半年、年度等各阶段的总结，也可分为定期或不定期总结。作为涉及众多行业的展会，环节多、范围广，既要根据整体进度安排进行定期总结，也要审时度势进行不定期总结，督促千头万绪的展会工作顺利进行。

（4）按范围分，可以分为个人、团队、公司、地区、国家等总结。如展会筹备工作总结，既有个人工作部分，也有团队协作部分，最终呈现的总结则是汇总到公司层面的。地区性的会展总结，则是由展馆总结、展会总结、展览公司总结等多方位构成的。

（5）根据行文目的分，可以分为汇报性总结和呈报性总结等。例如办展单位向公众发布的多为呈报性总结，向上级会展管理部门提交的多为汇报性总结。

展后总结报告的主要类别

分类依据	总结类别	案例
内容	专题性总结	招展工作总结
	综合性总结	××展会的展后总结报告
性质	管理工作类总结	主管部门对当地会展管理工作的总结
	组织工作类总结	主办方对现场组织工作的总结
	参展工作类总结	参展商对参加展会的经验与收获
时间	月份、季度、半年、年度等各阶段的总结	××展馆年度展会工作总结（定期总结）
范围	个人、团队、公司、地区、国家等总结	××城市会展行业协会工作总结
行文目的	汇报性总结	办展单位向上级会展管理部门提交的总结
	呈报性总结	办展单位向公众发布的展后总结

此外，应关注到小结、心得、体会也是一种总结。小结是因为内容较简、篇幅较小、范围较窄、时间较短，所以称为小结。心得、体会多是思想上的总结。

（二）展后总结的意义

1. 总结经验，发现问题

通过撰写展后总结报告，可以对展会全过程的工作进行全面的回顾和梳理，发现展会全流程工作中存在的问题和不足，总结成功的经验和做法，为今后的工作提供参考和借鉴。

2. 评价工作成果，提高工作效率

展后总结报告可以结合展后评估报告，对展会工作的成果进行量化和质性评价，以了解工作的进展情况、目标实现程度、质量水平等，从而有针对性地制定改进措施，提高工作效率和质量。

3. 提供决策依据，指导未来工作

展后总结报告可以为后续展会提供决策依据，为下一届展会及其他活动决策提供参考和指导，同时也可以为团队成员提供学习和借鉴的机会，促进个人和组织的共同发展。

三、展后总结报告的主要内容

展会本就是一个庞杂的系统，曾有业内专家统计过，一场展会从头到尾构成的事项多达 3000 余个，因此需要总结的内容也非常多，展后总结报告大致总结有以下主要内容。

1. 对展会立项策划的总结

这是对于展会起步工作相关内容的总结，核心是立项策划方案的制定与落实情况的总结。具体包括展会的基本要素（时间、地点、展品内容范围、办展目的、办展参展单位人员等）、展会的规模、展会的定位、品牌形象策划等

多方面内容。

2．对展会筹备工作的总结

这是对执行工作在前期落实情况的总结，具体包括各项筹备工作的安排、调整情况，对展会举办的支持情况等。

3．对展会营销工作的总结

这是总结工作中非常重要的一项内容，涵盖的范围较广，涉及的周期较长。具体包括对招展工作（展区和展位划分、展位价格定位、招展函编印等）的总结，对招商和宣传推广工作（招商分工、宣传推广节点和造势、观众邀请函的编印、招商渠道的建立等）的总结，对客户关系管理（参展商数据库、专业观众数据库的建立和改进）的总结。

4．对展会现场管理和服务工作的总结

这是执行工作在展会中期落实情况的总结。具体包括对布展、开展、撤展等现场管理的总结，以及其中涉及到的服务环节，如提供服务的质量、提供方式等的总结。

5．对展会服务商工作的总结

这是除主办、承办方之外的其他协助服务商工作的总结，具体包括展位设计搭建商、展品运输代理商、旅游代理（酒店、行程安排等）、保洁保安等支持性服务工作的总结。

6．对展会进度管理的总结

这是对展会进行全周期关键节点进度管理的总结，具体包括对立项策划、招展、招商、宣传推广、筹展撤展等展会整体时间进度的综合性全面总结。

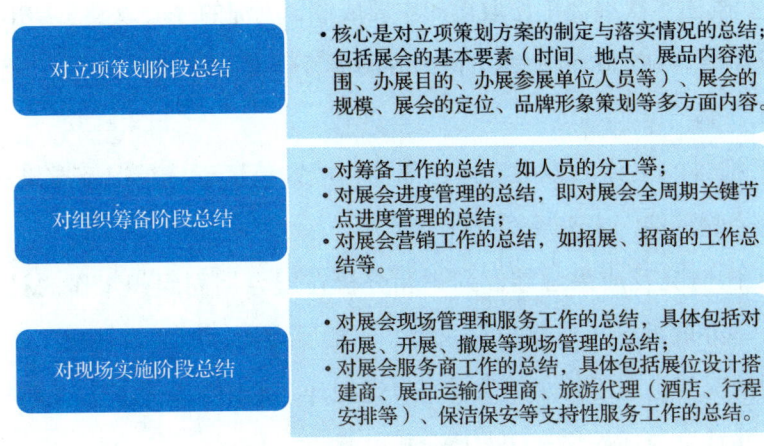

各阶段展后总结报告的主要内容

四、展后总结报告的结构与写法

（一）全文基本结构与写法

1. 标题

展后总结报告的标题总体有两类写法：公文式标题和非公文式标题。

（1）公文式标题，程式性较强，表达平直，多适用于正式场合的汇报性总结。一般由单位名称、时间、事由、文种组成，例如《××市会展行业协会202×年度会展工作总结》《××市第×届国际旅游节活动总结》等。

（2）非公文式标题，较为灵活，可以是单标题（即单行标题），如《欣欣向荣谱写华美篇章　砥砺奋进再创美好辉煌》；也可以是双标题（即正题和副题、正题和眉题等双行标题），如《半导体供应链国产化势不可挡——第六届国际半导体展览会总结》。

2. 正文

正文是工作总结的核心部分，通常包括以下内容。

（1）引言

作为正文的开头，一般先引出本次总结的背景和目的，简要介绍本次展会的基本情况（展会时间、地点、展品内容范围、办展目的、办展参展单位人员等），概述本次展会工作取得的主要成绩、沉淀的经验以及总结出的问题。引言要求简洁，结论先行，为主体内容的展开作必要的铺垫。

（2）主体

展后报告的主体内容主要由三部分构成，包括工作情况及成果总结、问题分析及经验沉淀、未来展望及计划预期。

①工作情况及成果总结。列举和分析在展会期间组织工作的具体做法，列举展会举办取得的工作成果和业绩，包括展会指标的完成情况、质量水平、效益实现情况等。对于每个成果，可以进行详细的阐述和解释，说明其重要性和贡献，并且可与往届情况作对比分析。

②问题分析及经验沉淀。针对展会工作中存在的问题和不足进行深入的分析和探讨，找出问题的根源和影响因素，提出相应的改进措施和解决方案。

总结展会工作中得到的经验和教训，提出今后工作中需要注意的事项和改进方向。这些经验和教训应该具有普遍意义，能够为后续展会的举办提供借鉴和启示。同时也要对工作中的亮点和成功经验进行总结和提炼。

③未来展望及计划预期。根据上述展会工作情况和问题分析，提出未来展会的工作计划和目标，以及相应的措施和方法。同时也要对展会未来发展趋势进行预测和分析，以便更好地适应未来环境的变化。

3. 结尾

结尾通常是对上述全文进行概括和总结，可照应开头或归纳主旨，强调本次总结工作的意义和价值，并对下一步工作提出建议和期望。

4. 落款

展后总结报告的落款处包括落款署名及日期，如标题中已点明单位名称，则此处可省略署名。

（二）正文部分常见结构形式

展后总结报告正文部分的结构形式多样，常见的有以下四种结构形式，不同的结构形式各有特点，选择时应结合具体展览内容。

1．二分式

二分式(表现为因果关系的纵式)即把整个会展工作总结划分为两大部分，第一部分写情况概述；第二部分写取得的成绩及主要原因，并且多采用夹叙夹议的手法，把工作中成功的经验，好的做法加上理性认识的体会糅在一起，归纳成几个问题来表述。

2．三分式

三分式是把总结分为三部分：第一部分写基本情况；第二部分或写经验，或议体会，或列做法；第三部分写存在问题或今后意见。

3．总分式

总分式先写一个简单的开头，总体说明这一时期工作的依据、指导思想和总的评价，然后分方面分层次讲成绩、摆经验，同时也指出存在问题。

4．并列式

并列式（横式）即把情况、成绩、效果、做法、经验、体会、问题、今后的意见归纳成若干条，逐一加以叙述详议、每条都冠以数字标明层次的顺序，采用一贯到底的写法。

展后总结报告正文具体采用哪种形式，应根据总结所属的类别，和总结需要达成的目标，以及当下所处的场景共同决定。

五、展后总结报告的写作要求

（一）总体要求

首先，内容要客观真实。展后总结报告应该以客观事实为基础，真实地反映展会工作的实际情况和成果，避免夸大或歪曲事实的现象发生。同时也要注重数据的准确性和可靠性，以便更好地进行分析和评价。

其次，分析要深入透彻。在进行展会问题分析和经验总结时，要深入挖掘问题的根源和影响因素，提出切实可行的改进措施和解决方案。同时也要对成功经验进行提炼和升华，以便更好地推广和应用。

最后，文字要简练明了。展后总结报告应该使用简洁明了的语言进行表述，避免使用过于复杂的词汇或长句式，以免影响读者的阅读和理解效果。同时也要注重条理性清晰、逻辑性强等特点，以便更好地表达思想观点和意见建议。

（二）提升要求

通过使用一定方法对总结内容进行完整梳理，可以使展后总结报告的逻辑结构基本清晰。而要提升展后总结报告的可读性（吸引人），则要侧重于写作手法的运用，做到题文呼应，让观点更丰满、鲜活。

首先，要求结论先行。结论先行非常重要，要让阅读者或观众一眼就能够看到且被你的观点所吸引。如将数据背后的结论作为小标题"××展会观众规模增长迅猛"，这样会让读者忍不住想进一步了解增长有多快？规模有多大？这样后续再列举数据的时候，读者会更加专注。

其次，论据要充分。就是所列举的论据一定要能够完全支撑论点（标题），这样才会有说服力。同时，还应当注重信息的归纳整理、关键词的提炼以及一些分析技术的运用。这些分析技术包括按时间维度总结工作、按事项总结工作、用数据支撑观点（对比分析法）、用事例支撑观点、用走势支撑观点（趋势分析法）、结构/因素分析法、提炼关键词法等。

展后总结报告的写作方法

一份好的展后总结报告，除了要有全面系统、客观真实这样的表面要求外，真正的功夫还在于展会过程中的积累，形成记录的固定性动作。同时尽可能地提升个人分析总结能力，适度了解相关的分析技术、写作技巧等。这样在准备、整理材料时，在行文过程中，才能思路清晰、把握得当、游刃有余。

 范文示例

第十四届中国昆明国际农业
博览会工作总结

范文示例

拓展阅读

展后总结报告的写作方法

结合展后总结报告的框架进行深入探讨时，针对不同板块需要总结的内容，我们可以采用多种有效的梳理方式。使用这些方法可以对展览的全过程进行全面而客观的回顾，反映真实情况，并尝试从中提炼经验和教训，为今后的展览活动提供宝贵的参考。

1. 由表及里梳理法

某一板块中，如营销推广宣传，可以从时间维度上将推广宣传所推进的工作进行总结，也可以从事件维度上将推广宣传工作事项进行总结，在此基础上，归纳出大事件（突破）、创新（亮点）、瓶颈等。这样就可以把营销类工作做到由"总"到"结"。

2. 问题梳理法

针对某一板块事项，通过问答的方式进行梳理。如：做了什么？完成了什么？哪些是成绩？哪些是问题？

3. 行为梳理法

围绕展会工作的推进，把团队或个人在工作中的参与度、行为、扮演的角色作为工作梳理的维度，再总结经验教训。

"总"：做了什么，哪些是基础工作，哪些是重点工作（基础工作概括统计，重点工作深入描述）；实现哪些跨团队的协同；在事件中扮演参与者还是领导者的角色等。

"结"：工作中团队或个人有何贡献，是否有意识地作提升？有哪些不足、如何对标、如何改进等。

实训任务

由中国国际贸易促进委员会轻工行业分会、中国五金制品协会、德国科隆国际展览有限公司联合主办的第20届中国国际五金展（CIHS）已于2023年9月19日至21日在上海新国际展览中心成功举办，现需对其展会中的工作进行详细总结，请为其拟定一份展后总结报告。

评价标准

展后总结报告综合评价表

序号	评价要点	分值	自评评分（20%）	互评评分（30%）	教师评分（50%）	综合评分
1	内容客观真实	20				
2	分析深入透彻	20				
3	文字简洁明了	20				
4	结论提炼到位	20				
5	论据支持充分	20				
	合计	100				

第二节　展后评估报告

任务场景

"第二届中国（昆明）国际大健康产业联合博览会暨第七届中国（昆明）国际大健康养生养老博览会"、"创意云南文化产业博览会（2022—2023）"、"2023中国昆明斗南花卉展览会"、"第二届云南彩云消费博览会"、"第二十届华夏家博会"、"第十五届中国云南普洱茶国际博览交易会"等会展活动已分别于2023年在云南省昆明市举办。现市商务局委托第三方调研机构对展会及相关资料进行评估，并出具评估报告。

一、展后评估的概念与特征

（一）展后评估的概念

展后评估是对会展活动的展会环境、工作、效果等方面进行系统、客观、真实、深入地考核和评价，并做出权威的反馈。它是会展整体运营管理中的一个重要环节，是对主办单位、参展商和会展主管部门三方负责的执行性活动。

展会评估工作可分两个阶段：对展会环境和工作的评估一般在展会结束时即可完成；对展会效果的评估除了现场效果外，往往还需要追踪后续效果，因此这部分评估在展会结束后还会进行持续性跟进评估。

（二）展后评估的特征

展后评估的特征体现在其科学、专业、有目的和系统性上。

1．科学性

展后评估不同于一般的总结，它必须运用一系列科学的方法对各项指标进行分析和评价，比如运用统计分析的方法、定量分析和定性分析相结合的方法等。实践证明，只有采用科学的方法，才能保证会展评估结果的科学性。

2．专业性

展后评估是围绕会展主题、与会者、参展商、观众、时间、地点、展品、展位、服务、成本、成交情况等会展基本要素展开的，涉及会展管理的各项业务，因此评估内容具有很强的专业性。一般由第三方的专业机构完成展后评估工作。

3．目的性

展后评估是会展管理的一个重要环节，是一项有目的、有计划的自觉活动。针对不同的评估主体和对象，"目的"的具体内容可能有所差异，但总体来看，所有主体进行展后评估的终极指向，都是为了达成既定的会展管理目标。通过细致深入的分析与评估，旨在帮助组织者全面理解展会效果，识别优点与不足，并为未来的会展策划和实施提供科学的指导方向。展后评估的目的性，体现了会展管理追求精细化和高效率的内在要求。

4．系统性

展后评估指标是反映会展活动的基本要素和本质特征的数量体系。任何一种评估主体在进行某项会展评估前，都要根据评估的目标制定切实可行的评估指标体系，包括完整的指标系统、权重系统和评估标准系统，以使评估的结果能够全面真实地反映会展活动的实际，体现展后评估的目的。

二、展后评估的作用

完善的展后评估调查机制是会展经济发达国家（如德国）取得成功的关键因素。综述展后评估所体现的作用，主要表现在以下几方面。

（一）对行业发展的作用

展后评估在会展经济发达国家已经得到了成熟应用，对行业发展起到了关键作用。它们大多是由全国性的统一的行业机构从事会展评估、认证工作，对各类数据进行审核认证，定期公布认证审核结果，得到社会的认可，并成为会展业及其他相关机构的首选数据资料。如德国的展览会数据自愿审核协会（FKM）、法国的综合性和专业性展览会统计审核办公室（OIS）、美国的数据审计公司（BPA）等就是专业对申请加入国际展览联盟（UFI）的展会项目进行统计数据审核并给予相应证明的机构。

展后评估可以加强宏观管理，促进会展业的良性发展。会展行业主管机构通过制定科学的评估标准体系，对会展活动进行科学评估。根据评估结果，可以从政策上实施鼓励和扶持业绩良好的会展企业和具有品牌效应的会展项目；同时还可以通过制定政策，避免无序竞争、重复办展现象的出现，达到扶优汰劣、规范会展市场秩序的目的。

（二）对展会发展的作用

展后评估可以提高会展项目管理水平，创建品牌展会。展后评估报告可以帮助主办方全面评价展会计划的执行情况，发现问题，改进会展项目的管理，同时也为办好下届展会提供基础数据的支撑。

（三）对参展商和观众的作用

展后评估的结果可以供参展商和专业观众参考，进而改进后续参展工作。对于参展商来说，通过对参展的实际效果进行全面的分析、评价，可以及时发现问题，采取措施，在参加下一届展会时改进。同时参展商和专业观众也可以从自身的角度对会展的整体质量进行评估，为决定是否参加下一届会展以及如何参展提供决策依据。

三、展后评估的流程与方法

(一)展后评估的流程

展后评估是一个有计划、有步骤的动态过程,必须循序渐进。通常,展后评估会经历以下流程。

1. 制定评估计划

展后评估计划是展后评估工作的启动依据,是为有效开展评估工作而制定的行动方案。应包含评估目的和任务的制定、评估的原则、评估的内容和指标体系、评估的方法流程、评估的机构、人员分工等。

展后评估的主要目标是了解展出的效率和效益。由于展会效果的评估涉及到会展工作项目与工作成果之间的复杂关系,导致了展会评估目标的复杂化。所以在进行展会评估时应该根据展出目标确立评估的具体目标和主要内容,并依据评估目标的主次,排列优先评估或重点评估的次序。

2. 选择规范的评估标准

展后评估的标准包括整体成效、宣传效果、接待成果、成交结果等。评估时,首先应根据展出目标确定展会评估标准的主次,然后将其规范化。为了使展后评估标准规范化,需要明确各项评估标准的定义、指标和权重。例如,针对整体成效、宣传效果、接待成果、成交结果等各项标准,应制定具体的评估指标,如参观人数、观众反馈、媒体报道数量、接待服务质量等,并确定这些具体指标的权重,以确保评估过程具有可操作性和客观性。

3. 制定评估方案

根据展会效果的评估目标及标准,确定各阶段具体的评估内容和评估方案,包括各段时间安排与抽样分布、评估的对象和方法、人员安排和经费预算等。制订评估方案应包括以下内容。

(1) 根据评估项目、对象和方法制定评估方案,明确人员分工,安排各项必要措施。

（2）设计制作各种评估问卷及情况统计表，如参展商问卷调查表、观众问卷表和展览会举办情况统计表等。

（3）小范围预测，修改测评问卷。

（4）对测评人员进行培训，考虑测评困难及问题防范措施。

4．实施评估方案

（1）通过收集现成资料、安排记录、召集会议、组织座谈、利用调查问卷向展会各方参与者收集情况等方式收集各种信息。

（2）整理收集的信息，处理评估分析数据。

5．编制评估报告

根据不同阶段的效果测评，汇总分析，对整个展会活动过程的效果进行总体评价，写出评估报告。

展后评估流程

（二）展后评估的方法

1．定性评估

定性评估主要通过收集非量化的信息，如观点、经验和态度等，以深入了解目标群体或特定现象的内在规律和特征。定性评估通常依赖于评估人员的专业知识和经验，通过访谈、焦点小组讨论等方式进行，揭示问题的本质和潜在动机。定性评估常采用如下方法。

（1）观察法。在展会现场和活动过程中安排专人观察展会各环节和活动进行的情况，观察各方参与者当下的反应和现场的应对情况，从观察结论中评估。

（2）访谈法。展后可邀请部分重点参展对象进行单人面谈、电话访谈和多人座谈会，征求他们对展会的评价和意见。

（3）述职报告法。展后要求每个模块的展会工作人员对展会过程中各模块的工作进行总结述职，进而从侧面了解展会工作情况，进行评估。

2．定量评估

定量评估是指通过收集和分析数据，并运用数学方法和统计技术来评估某一现象或行为，从而得出具体数值结果的一种评估方式。它是一种基于数据进行的客观评估，能够更准确地反映实际情况，提供科学的依据和参考。定量评估常采用如下方法。

（1）问卷调研法

关于问卷调研法的使用，在本书第二章会展立项策划阶段文案中已有详细描述。与立项策划阶段有所不同的是，展后评估问卷调研的对象主要是本次展会的参展商、专业观众，有更为具象的针对性，目的性更强，问卷的制定要基于评估标准。

（2）数据统计分析法

大数据的时代，就是一个不断产生数据、整合数据、积累数据的时代。展会的组织者从来没有像今天这样可以从这么多渠道获得大数据，从 APP 数据到门禁统计、观众流量，直至社交媒体。"大数据＋会展"已经是会展业的大势所趋。

数据统计分析方法可通过以下步骤进行。

①数据精加工。将搜集到的参展商或观众数据，经过整理、过滤、核实、补充、录入、分类等一系列初步的业务流程，筛选出精准的参展商或专业观众信息数据之后，要用科学的方法对其进行精加工，分析研究。通过这些精加工的数据，对展会一些客观现象的本质、规律、特征等进行深入的认识，如实反映展览的实时状况。

②数据比较。将所搜集到的展览数据和情况加以整理，计算总数和比例，使之成为有效的信息，才能成为评估的依据，并具有评估价值。数据比较一般参照评估标准进行比较，通过搜集整理好的数据，能够更理性地分析出展会的效果如何，是否达到预期的目标，展览的服务效率如何，展览收益的高低等等。需要注意的是，在进行数据的比较时要严格使用统一的评估标准，避免产生感

性上的偏差。

③数据评估。在对数据进行精加工和数据对比之后，对数据进行综合的评估尤为重要。通过展会数据的综合评估，可以分析出展览组织工作和展览的实际效果，找出数据和信息间的内在联系，透过数字，看到展览组织过程中的问题，找出产生这些问题的规律，并提出具体的、可行的、能够解决问题的建议和措施。

四、展后评估的主要内容

展后评估工作一般会委托第三方专业评估机构完成，也可由主办方或参展商自行完成。总体包括展会工作评估、展会质量评估和展会效果评估三方面内容。

微课
展后评估报告的写作内容

（一）展会工作评估

展会工作的评估主要是针对主办方及相关服务商的组织工作进行评估，包括工作的质量、效率和成本收益等，实际评估中定性与定量方法均有涉及。

1．展会目标达成评估

结合展会前制定的目标，检查目标是否实现，若已实现，具体的实现情况究竟如何。通过对目标实现程度的准确评估，能够总结经验教训，为未来的展会策划与管理提供宝贵的参考依据。

2．展会策划方案评估

对展会前制定的策划方案在执行中的落地情况进行全面评估。检查是否存在策划时考虑不周的地方，比如流程衔接、资源调配等方面。同时，分析策划方案的亮点部分是否达到了预期效果，以便为今后的策划工作提供经验与改进方向。

3．展会空间设计评估

评估场馆空间设计，不仅要求美观大方，更需考虑成本与效益的平衡。展台设计要突出展品特色，控制成本，实现最大化展示效果。此外，场馆其他设施的功能效率也至关重要，如照明、通风、安全系统等，这些设施的高效运作能提升参展者的体验，间接影响参展效果。因此，全面的评估体系应涵盖空间、展台及其他设施的综合考量。

4. 展会管理工作评估

展会管理工作评估包括展会的筹备工作、现场运营管理工作、展后撤展组织工作的质量和效率、工作有无疏漏；还包括展会人员管理的评估，如工作人员态度、工作效果、团队精神等。一般可通过满意度来进行参考评估。

5. 展会财务情况评估

展会财务收支情况是争论较多的一项评估内容，对财务情况进行全面评估可以从财务数据上评估展会的实际效益。具体可评估的财务指标有总成本、总收入、净利润、投资回报率、人均成本、人均收入等。这些指标能够从不同角度反映展会的财务状况和效益水平。

6. 展会效率的评估

展会效率的评估是对展会整体工作的评估内容，以定量数据进行衡量。可采用展会服务人员实际接待观众数量在总观众数量中的比例，也可采用参展总开支除以实际接待的观众的结果来评估。

（二）展会质量评估

1. 参展企业数量、质量评估

这是最重要的评估内容之一，参展企业的数量是最为直观的定量评价指标。参展企业质量与展出效率成正比，则说明参展企业质量越高，展出效率越高，办展的预期目标实现得就越充分。

2. 观众平均参展时间评估

观众平均参展时间评估针对参观者在展会中所花费的时间，即观众参观完整个展会所需的平均时间，这一指标与展会效果成正比。该指标评估表明，参观者花费的时间越长，他们对展会的了解和参与度也会越高，从而更有可能产生积极的影响和效果。

3. 参展商平均参展时间评估

参展商平均参展时间评估针对参展商参加单次展会所花费的平均时间，可用以指导安排具体的展会工作。通过对平均时间的分析，可以了解参展商对展会的重视程度和参与程度，参展商在展会中花费的时间越长，意味着其对展会的展示效果和业务拓展更为积极。

4. 展会人流密度指数评估

展会人流密度指数评估针对展会参观者在单位空间的瞬时平均数量，例如每 10 平方米内有 23 名观众，那么人流密度指数则为 2.3。需要注意的是，人流密度指数并非越高越好，需要结合展会的性质和目标来看。一般来说，综合展追求高人流密度指数，专业展则不宜过于拥挤。

（三）展会效果评估

1. 投资收益评估

投资收益也可称成本收益，可有较多评价因素，范围较广。例如，可用本次展会的成本和收益相比，用本次成本和前次或类似项目相比，用本次收益与前次或类似项目相比，也可用展出成本收益与其他营销方式相比等。其中比较典型的有两种，一种是用展出开支与展会成交额相比，另一种是用展会开支与建立新客户系数相比。

2. 展会成交评估

展会成交有消费成交和贸易成交。消费展一般以直接销售为主要目的，可用总支出与总销售额相比，再用预计成本效益与实际成本效益相比。贸易展则以促进成交为目的，因此成交是最重要的评估内容。成交评估一般有销售目标的达成与否、成交额数量、成交单数、意向成交额、实际成交额、与新客户成交额、与老客户成交额、新产品成交额、展览期间成交额、预计后续成交额等。

3. 同类展会竞争评估

与同类展会在展会效果各项指标上的对比评估，用以更为客观地评判本次展会的社会效果、竞争力水平。

4. 展会记忆率的评估

展会记忆率是指参观者在参加展会之后 8～10 周仍能记住展览情况的比例。展览记忆率与展出效率成正比，反映出参展公司给参观客户留下的印象和影响。记忆率高，说明展会形象正面、效果强；反之则说明展览形象欠缺、效果弱。导致记忆率低的原因可能有：展览人员与参观客户之间缺少直接交流、缺乏后续联系，参展公司形象模糊，所吸引的参观客户品质不高等。

需要关注的是，以上所有提及的评估内容不一定会在同一个展会评估报告中出现。每个展会的评估会有一些各自的侧重点。因而，具体进行评估工作和评估报告撰写时需根据实际情况选取重点评估内容，进行相对个性化的评估报告编写。

五、展后评估报告的结构与写法

展后评估报告可以采取两种写法，一种是文章式评估报告，即按一般文章的结构来写，主要用文字描述和分析，辅以表格和数据引证，内容较多时可分列小标题加以叙述；另一种是表格式评估报告，即全篇以表格形式呈现内容，用数据表或数据图示来表达各项评估结果，辅以文字陈述。

这里主要以文章式评估报告举例说明具体写作结构和写法。

（一）标题

展后评估报告标题由评估项目的名称和"评估报告"组合构成，如《202×年世界智能制造大会评估报告》。

（二）正文

1. 前言

前言部分有两种写法，一种是简要说明展会项目的基本情况（时间、地点、展品内容范围、办展目的、办展参展单位人员等）；另一种是介绍评估的目的、背景、过程与方法，如展会是由第三方专业机构评估制定的，则需说明评估的由来或受委托的具体原因。

2．主体

正文主体部分主要是具象化表述展会评估的各项指标及结果，可对应各项评估标准来陈列评估结果的各项数据，以图表加文字的形式共同说明。要注意数据的准确，材料与观点的统一，语言简练。

3．结尾

结尾用简明的语言说明评估的结果和相关结论分析，必要时可引用相关背景资料加以解释、论证。结论需阐明评估结果解释了什么问题，有何实际意义，建议则需针对评估结论，提出可以采取哪些措施以获得更好的效果。

（三）附件

如展后评估报告中的图表、资料较多或篇幅较长，可将这些内容放入附件中。如有附件，需在正文正下方标明附件的名称及序号。

（四）落款

一般在正文右下方写明落款署名及具体日期。

六、展后评估报告的写作要求

（1）展后评估报告要符合规范、科学求实，遵循国家有关法规、产业政策、行业规范，评估的情况客观、科学。

（2）展后评估报告需层次清楚、结构严谨、文字简练，报告中要避免长篇大论、文字冗长等现象。

（3）展后评估报告要突出重点、详略得当，应针对主要指标重点分析。

（4）文字与表格的衔接要吻合，避免出现"文不对表"或"表不对文"的现象。

（5）关注细节。展后评估报告中涉及到的细节如计算公式、单位要准确。

📁 **范文示例**

创意云南文化产业博览会
（2022—2023）评估报告

范文示例

📍 **拓展阅读**

展后报告是否可以用数据说话？

展后报告是真正以数据说话的文案，其中观众数据的收集和公布又是其中的重点部分，从客观上可以有效促进下一届展会的主承办方招展、招商工作。我们需要特别注重观众数据这方面，因为观众的数量和质量的数据高低是参展商决定是否参展的重要衡量标准。比如说：目标市场观众的比例、会展观众在过去几届的数量、观众反馈、观众参观的目的、观众的主要工作职责、观众职位、观众满意度等。

展后报告中的数据如果很漂亮，我们就要学会如何应用，让其产生良好的效果。首先主承办方要各有一份（为下一届展会的举办提供借鉴），然后要给当地的会展协会一份（为申办及合作提供理论依据），参展商们和重要的观众们都要拿一份（收集反馈，吸引参与热情度），最后展馆方和其他展会服务商也应该各有一份（为持续合作提供参考）。

展后报告的评估标准可参照《专业性展览会等级的划分及评定》中的内容和数据标准，或者 UFI 会展评估体系。

展后评估报告获得数据可以有不同的渠道，有针对性的数据收集、问卷调查、现场采访（小型展览更有效）、数据分析等等，获得的数据有效性千差万别，有经验的团队基本上可以收集到真实有效的数据，但满意度数据存在一定的主观判断性。

展后报告根据内容的多少可做成简洁型和完整型，可将两种类型的报告同时发给相关群体。简洁型只显示基本的数据，并以简练的文字直接给出结论，适合只对结果感兴趣的群体；而完整型更适合于关注更多数据细节的群体。

资料来源：会展经济学. https://mp.weixin.qq.com/s, 2022-04-03. 有改动。

实训任务

作为第三方专业机构，现受市商务局委托，需对以下展会进行评估，请任选其一，制定评估标准，拟定评估报告框架及主要内容。可选展会包括："第二届中国（昆明）国际大健康产业联合博览会暨第七届中国（昆明）国际大健康养生养老博览会"、"创意云南文化产业博览会（2022—2023）"、"2023中国昆明斗南花卉展览会"、"第二届云南彩云消费博览会"、"第二十届华夏家博会"、"第十五届中国云南普洱茶国际博览交易会"。

评价标准

展后评估报告综合评价表

序号	评价要点	分值	自评评分（20%）	互评评分（30%）	教师评分（50%）	综合评分
1	内容科学求实	20				
2	重点详略得当	20				
3	层次清楚严谨	20				
4	文表衔接恰当	20				
5	细节到位无误	20				
	合计	100				

第三节 展后信函

任务场景

5月10—12日，为期三天的2024广州国际潮宠展在广州·中国进出口商品交易会展馆C区成功举办。本次展会启用两大展馆，参展商家400+家，展出4000+宠物尖货爆品，迎来35 220+专业观众、61 832+高品质宠友。2024广州国际潮宠展是潮宠展在广州的再度亮相，也是行业企业发布新产品的舞台。展会三天，现场人声鼎沸，展会的人气值、互动值以及成交额，都达到了预期。展会的成功举办离不开大家的支持和帮助，潮宠展组委会要向来自全国各地的参展商、专业观众、行业协会、媒体朋友、网红达人、宠友以及社会各界人士致谢。展后需及时跟进感谢相关各方单位、个人，并发出感谢信。

一、展后信函的概念与作用

一场展会的进行，同时也是一场人流、物流、信息流的高度聚集。作为展会的参与者，无论是主办方、参展商还是观众均会接触到大量的人流、物流和信息流。而展后能否有效撬动展会上接触到的人、物和信息，能否继续保持与各方的长期联系，既是对业务机会的持续积极拓展，也是表达致谢情谊的一种方式。

展后信函就是展后跟进联系工作的载体，通常以展后感谢信函的形式呈现。尤其对于主办方而言，展会闭幕后一般都会给每一位来访参与者（承办单位、协办单位、支持单位、参展商、观众、媒体以及社会各界）发一封致谢的信函，致谢不仅是礼节，对促进客户关系也有积极作用。因此，拟写和发送感谢信是展后进行善后阶段的重要工作。

二、展后信函的结构与写法

展后感谢信函由标题、称谓、正文、祝颂语和落款等五部分构成。

（一）标题

展后感谢信函的标题一般可采用以下三种写法：第一种写明发信单位、致信对象和文种，如《中国国际进口博览会致宣传媒体的感谢信》；第二种写明致信对象和文种，如《致××场馆全体建设者的感谢信》；第三种仅写《感谢信》，标题居中。

（二）称谓

展后感谢信函标题之下一般顶格写受谢单位的名称或个人姓名，后加冒号。受谢对象较多时，可用统称，如"尊敬的专业观众"。如标题中已经指明致信对象，也可省去称谓。

（三）正文

正文一般可分为三部分来写。

第一部分，交代表示感谢的原因，写明所要感谢的人和事，对参展商或专业观众表达对参展的由衷谢意。

第二部分，阐述展会背景、主办单位情况、本届展会要点等，表达对方参加展会所起的重要作用。如对方在其中参与作用突出，还要描述清楚对方参与事迹，时间、地点、人物、原因、经过、结果六要素要尽可能齐全，赞扬对方的高尚品德、优良作风、可贵精神和合作诚意。这一部分语言要充满感情，评价要恰当、得体。

第三部分，可适当预告下一届展会的举办时间、地点或筹备的最新情况等，在此可再次表达敬意和感谢，或提出进一步加强合作的愿望。

（四）祝颂语

根据双方的关系选择相关的祝颂语，如"顺颂商祺"、"致以最诚挚的敬礼"等。如正文的结尾已经再次表达了敬意和祝愿，也可省去祝颂语。

（五）落款

落款即署名和日期，单位发出的感谢信署上单位的名称并加盖公章；以领导人名义发出的感谢信由领导人亲署姓名，并写明身份或职务。同时写清楚发出日期。

三、展后信函的写作要求

作为展会主办方，向各方参与者致感谢信函，是对参与者的充分尊重，是双方建立长远联系的重要举措。在进行感谢信函撰写时应注意以下方面。

首先，感谢信函不应只是一种形式，而应该思考如何才能富有特色。毕竟会展活动一般都讲究特色，注重创新。

其次，致谢函要写出各方参与者的主要工作与效果，体现出席价值。如果仅仅是以一种共同的语言致谢所有的参与者，除了参与者的名字有差异之外其他都完全相同，这只能说是致谢函的明显局限性。

最后，展后感谢信函的内容要真切，确有其事，赞誉要恰当，不可过分夸大溢美，表达谢意时要真诚。

感谢信

展会结束后的跟踪服务

调查显示，多数展会期间来访客户，走出展馆后很快就被其他事务分散了注意力和精力，会把展会上看见、说过、做到一半的事搁置一旁，甚至彻底遗忘。这就需要参展企业根据展会具体洽商情况，制定针对性强的跟踪方案，要真正做到有的放矢、重在实效。参展企业后续跟踪服务大致包括如下活动。

第一，发函致谢。

展会闭幕后一般都会给每一位来访客户发一封诚挚谢忱的信函。致谢不仅是礼节，对促进客我关系也有积极作用。向所有来访客户致谢，工作量很大，有的企业参展期间即在旅馆分批发函，还有的将客户名录传回总部，由总部专人负责致谢。有经验的参展人员认为，如果致函时能够就展会碰到的一些问题再作些交流，效果会更好，因为客户会觉得这已不是客套，而是比较实际的沟通。

第二，安排拜访。

如果条件允许，参展人员展后可在当地多逗留几天，顺访重要客户，通过参观考察，进一步与客商交流，加深了解。对特别重要的大客户，应尽可能安排企业高层专访，以示重视和尊敬。对有价值的潜在客户，参展人员也可代表企业邀请其来企业访问。除了顺访，以后出访时也可安排拜访，再见客户时，不要忘了提及双方是在展会上建立的良好关系。

第三，兑现承诺。

展会期间接待来访客户，因受客观条件限制，不能现场满足客户所有要求，此时展台业务员会对客商做出一些具体承诺，答应展后及时解决问题，或补充材料、或邮寄样品、或回答问题、或核对报价。回到总部后，业务员应认真履约，及时兑现承诺，不能言而无信。这些后续工作如按照分工必须请专职部门或其他员工来承担的，参展人员应做好移交、督办工作。

第四，邮寄资料。

展会结束之后，参展企业应考虑向客户特别是潜在客户定期寄送企业介绍、样本、样品、报价等资料，加深客商对参展企业的了解，对成交起催化作用。美国有一家研究所对展会期间及展会之后参展商提供给客户资料的实际效果做了调查，结果发现观众从展台上得到的资料只有8%的人会认真阅读，如果参展商回到公司后接着再寄出第二份资料，那么就有13%的观众会认真阅读，随着参展商不断地寄发资料，阅读的观众也越来越多，当参展商不折不挠地寄出第七份资料，大约有33%的观众将会认真阅读。邮寄资料的频率要适当，既不能太频密，也不能相隔太久；邮寄资料的内容要个性化，根据不同客户需要，针对性地寄发；邮寄资料时如能附寄一封有署名的信函，这样效果会更好。

第五，业务跟踪。

根据调查显示，由参观展会导致的实际成交有三分之二是在展会结束后11～24个月之内达成的，因此做好各项跟踪服务有助于实现企业参展目标，最终促成贸易合同的签订。

资料来源：辽宁省家具协会 LNFA. http://mp.weixin.qq.com/s, 2020-09-16. 有改动。

实训任务

2024广州国际潮宠展组委会要向各位全国各地的参展商、专业观众、行业协会、媒体朋友、网红达人、宠友以及社会各界人士致谢，请选择其中一类对象，为其拟定感谢信函。

 **评价标准**

展后感谢信函综合评价表

序号	评价要点	分值	自评评分（20%）	互评评分（30%）	教师评分（50%）	综合评分
1	内容真切客观	20				
2	赞誉恰当到位	20				
3	结构层次完整	20				
4	用语适度精简	20				
5	形式特色创新	20				
	合计	100				

参考文献

1. 毕会娜，袁合静. 会展文案写作 [M]. 北京：中国旅游出版社，2019.
2. 吴应利. 会展文案写作 [M]. 上海：上海交通大学出版社，2022.
3. 秋叶. 新媒体文案写作（慕课版）[M]. 北京：人民邮电出版社，2021.
4. 廖美红，林珍，余宇. 新媒体广告与文案写作 [M]. 北京：人民邮电出版社，2020.
5. 尹莹，辛岛. 新媒体文案写作教程 [M]. 北京：中国人民大学出版社，2023.
6. 韦晓军. 会展文案（第三版）[M]. 重庆：重庆大学出版社，2014.
7. 张凡，杨荫稚. 会展文案写作 [M]. 武汉：华中科技大学出版社,2022.
8. 向国敏. 会展文案 [M]. 北京：旅游教育出版社,2007.
9. 郝立新. 应用文写作 [M]. 北京：清华大学出版社，2012.
10. 黄彬. 展览策划与组织 [M]. 杭州：浙江大学出版社，2013.